辽宁省自然科学基金博士启动计划资助

海水冻融循环后钢筋混凝土桥墩抗震性能研究

滕 飞 阎卫东 马 健 王庆贺 著

中国矿业大学出版社
· 徐州 ·

内容简介

高纬度沿海地区的冬季气温较低，沿岸表层海水与大气之间的温差相对较大，由于潮汐的周期性运动，近海桥梁的钢筋混凝土桥墩长期遭受海水冻融循环作用的影响。结合现有的研究可知混凝土材料在高盐环境下耐久性能和力学性能会显著降低。混凝土材料耐久性能的降低会缩短桥梁的寿命，混凝土材料力学性能的降低会影响桥梁的抗震性能。到目前为止，针对混凝土材料在海水冻融循环作用下力学性能的研究还不够充分，针对海水冻融循环后钢筋混凝土桥墩抗震性能的研究也鲜有报道。因此，本书采用试验研究、数值模拟和理论分析相结合的方法，对海水冻融循环后混凝土单轴反复受压本构关系、冻融深度以及钢筋混凝土桥墩抗震性能等进行了研究。

本书可以作为高等院校相关专业桥梁抗震方面的参考资料，也可供从事桥梁工程的设计、施工、科研及教学人员参考使用。

图书在版编目(CIP)数据

海水冻融循环后钢筋混凝土桥墩抗震性能研究/滕飞等著. —徐州：中国矿业大学出版社，2022.6

ISBN 978-7-5646-5448-1

Ⅰ. ①海… Ⅱ. ①滕… Ⅲ. ①钢筋混凝土桥－桥墩－抗震性能－研究 Ⅳ. ①U448.347

中国版本图书馆 CIP 数据核字(2022)第 112279 号

书　　名　海水冻融循环后钢筋混凝土桥墩抗震性能研究
著　　者　滕　飞　阎卫东　马　健　王庆贺
责任编辑　杨　洋
出版发行　中国矿业大学出版社有限责任公司
（江苏省徐州市解放南路　邮编 221008）
营销热线　(0516)83884103　83885105
出版服务　(0516)83995789　83884920
网　　址　http://www.cumtp.com　**E-mail**:cumtpvip@cumtp.com
印　　刷　徐州中矿大印发科技有限公司
开　　本　787 mm×1092 mm　1/16　**印张** 7.5　**字数** 192 千字
版次印次　2022 年 6 月第 1 版　2022 年 6 月第 1 次印刷
定　　价　45.00 元
（图书出现印装质量问题，本社负责调换）

前　言

高纬度沿海地区的冬季气温较低，沿岸表层海水与大气之间的温差相对较大，由于潮汐的周期性运动，近海桥梁的钢筋混凝土(reinforced concrete，简称RC)桥墩长期遭受海水冻融循环作用的影响。结合现有的研究可知混凝土材料在高盐环境下耐久性能和力学性能会显著降低。混凝土材料耐久性能的降低会缩短桥梁的寿命，混凝土材料力学性能的降低会影响桥梁的抗震性能。到目前为止，针对混凝土材料在海水冻融循环作用下力学性能的研究还不够充分，针对海水冻融循环后钢筋混凝土桥墩抗震性能的研究也鲜有报道。因此，本书采用试验研究、数值模拟和理论分析相结合的方法，对海水冻融循环后混凝土单轴反复受压本构关系、冻融深度以及钢筋混凝土桥墩抗震性能等进行了研究。

全书共6章内容，系统地研究了海水冻融循环后钢筋混凝土桥墩的抗震性能。其中第1章为绪论，第2章介绍了海水冻融循环后混凝土本构关系，第3章研究了海水冻融循环后钢筋混凝土桥墩抗震性能，第4章研究了海水冻融循环后钢筋混凝土桥墩冻融深度，第5章进行了海水冻融循环后钢筋混凝土桥墩有限元分析，第6章介绍了结论与展望。

本研究工作得到了大连理工大学邱文亮教授的指导，邱教授从整体上把控了研究方向，并提出了建设性意见，在此表示由衷的感谢。

本书得到了辽宁省自然科学基金博士启动计划的资助，也得到了课题组同仁的大力支持和协助。参与章节编写工作的还有沈阳建筑大学的赵家康等，张瑞负责后期的整理、排版、校对工作，在此一并致以衷心的感谢。

由于作者水平有限，书中难免有不足之处，敬请广大读者批评指正。

作　者

2022年1月

目　录

1 绪　论

1.1　研究背景与意义

沿海地区作为我国对外开放的窗口，在全国经济发展过程中起到了重要的作用，带动了内陆地区的经济发展。近年来，我国沿海地区建造了很多近海桥梁，优化了沿海地区的交通布局，在沿海地区经济发展过程中发挥着至关重要的作用。梁式桥梁具有经济指标高、施工周期短和技术成熟等优点，是近海桥梁建造中应用最广泛的一种，如辽宁省滨海公路沿线上的小凌河海口大桥、凌海大桥、滨城大桥和锦州湾大桥等，如图 1-1 所示。

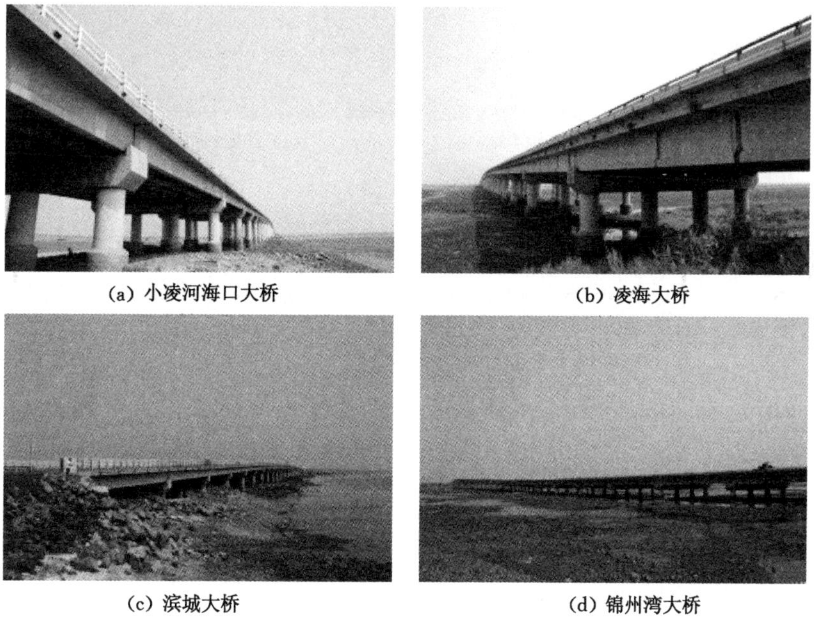

(a) 小凌河海口大桥　(b) 凌海大桥　(c) 滨城大桥　(d) 锦州湾大桥

图 1-1　辽宁省部分近海桥梁

地震作用是一种破坏力极强的作用，在短时间内会释放出大量的能量，会使桥梁破坏。因为保有量大、结构型式简单、传力途径和耗能机制单一，梁式桥在地震中的受损现象非常普遍，其破坏程度较其他桥型更严重。大量震害资料表明：作为梁式桥梁承重和抗侧力的主要构件，钢筋混凝土（reinforced concrete）桥墩在地震作用下极易破坏。严重的桥墩破坏是导致上部结构落梁、桥梁整体垮塌等灾难性后果的主要原因，不但会造成人民生命和财产的损失，而且会影响震区救援和重建工作的开展，如图 1-2 所示。针对钢筋混凝土桥墩的抗震性能的研究成为桥梁抗震领域的热点。我国环渤海地区和东南沿海地区分别处于欧亚断裂带和环太平洋断裂带，建造于该地区的近海桥梁必然会受到强震作用的威胁，因此，有必要对近海桥梁钢筋混凝土桥墩的抗震性能进行研究。

(a) 渔子溪 2 号大桥全桥倒塌　(b) 映秀顺河大桥全桥倒塌

(c) 百花大桥第五联桥倒塌　(d) 百花大桥桥墩压溃

图 1-2　汶川大地震后部分桥梁的损毁照片

与内陆环境相比，近海桥梁所处的海洋环境更复杂，在服役期内钢筋混凝土桥墩长期遭受冻融循环、干湿循环以及氯离子腐蚀作用的影响。美国土木工程师协会指出，冻融循环作用是引起混凝土材料耐久性能降低的主要因素之一。冻融循环作用发生在寒冷地区，如欧洲北部，加拿大、美国、日本北部和我国中北部等。尽管各地区的自然环境不同，混凝土均会冻融损伤，导致钢筋混凝土桥墩耐久性能降低。对辽宁省滨海公路沿线上的近海桥梁进行调查可知：部分钢筋混凝土桥墩的防护设施已经出现不同形式的毁坏，如图 1-3 所示。在潮汐作用范围内的钢筋混凝土桥墩，其混凝土在海水冻融循环作用下已经发生不同程度的损伤，如图 1-4 所示。混凝土材料耐久性能的降低会引起钢筋混凝土桥墩力学性能的退化，进而直接影响桥梁抵御地震作用的能力。为了降低寒冷地区近海桥梁的地震灾害风险，有必要对在海水环境下遭受冻融循环作用后钢筋混凝土桥墩的抗震性能展开研究。

当前针对淡水冻融循环作用后混凝土材料力学性能以及钢筋混凝土桥墩抗震性能的研究取得了些许成果，为寒冷地区内陆桥梁抗震性能的研究提供了依据。近海桥梁的钢筋混凝土桥墩长期处于海水环境中，与内陆桥梁钢筋混凝土桥墩所处淡水环境有本质的区别，现有的试验方案和研究成果并不能完全地用以指导对寒冷地区近海桥梁抗震性能的研究。因

(a) 涂漆

(b) 堆砌石块

(c) 包裹泡沫棉网

图 1-3 钢筋混凝土桥墩的防护设施

(a) 表面剥落

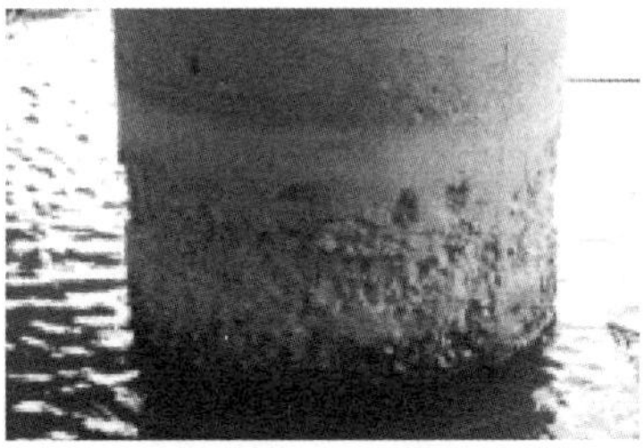

(b) 剥落露筋

(c) 钢筋锈胀

图 1-4 钢筋混凝土桥墩冻融循环后产生损伤

此，深入了解海水冻融循环作用后混凝土材料的力学性能以及钢筋混凝土桥墩的抗震性能具有重要意义。

1.2 混凝土冻融损伤的研究现状

1.2.1 混凝土冻融损伤机理的研究

为了深入理解混凝土冻融循环作用，学者们从材料角度入手来研究混凝土冻融损伤机理，为混凝土材料抗冻性能的研究奠定了理论基础。

(1) 静水压假说

根据液态水在结冰时体积会膨胀约 9%的物理过程，鲍尔斯等提出了静水压假说用于解释混凝土冻融损伤机理。假说指出：水结冰会产生体积膨胀，如果混凝土材料内部还没有饱和的孔隙无法容纳这种膨胀，那么多余的未冻结水将向外迁移，从而形成静水压力。当混凝土内部孔隙由于冻融循环作用引起的静水压力大于硬化水泥浆体的抗拉强度时，混凝土材料会发生冻融损伤。在正负温度循环交替作用下，静水压力形成的疲劳作用会引起混凝土内部孔隙结构的变化(劣化)，进而加快混凝土冻融损伤的速度。

鲍尔斯在研究中提出了较为重要的概念——平均气泡间隔系数，用以解释静水压假说。存在某阈值，当平均气泡间隔系数未达到该阈值时，混凝土材料不会发生冻融损伤，同时说明此时的混凝土材料具有良好的抗冻性能。当平均气泡间隔系数超过该阈值时，混凝土材料会发生冻融损伤。在早期的研究中，平均气泡间隔系数是混凝土是否产生冻融损伤的重要评判标准。可以通过控制混凝土内部的气泡间隔来降低混凝土内部孔隙中的静水压力，进而提升混凝土材料的抗冻性能。美国混凝土协会建议平均气泡间隔系数的取值范围为 200～250 μm，已有文献通过试验证明了该取值范围的有效性，使得平均气泡间隔系数得到认可。

鲍尔斯等在对混凝土冻融损伤进行更加深入的研究时发现：当饱和溶液由淡水替换成苯溶液后，混凝土材料仍然会发生冻融损伤现象，试件会因为冻融损伤而变形。与淡水不同的是，低温结晶后苯的体积会减小，−15 ℃时苯的密度较 25 ℃时的提高约 18%，那么以溶液结晶膨胀作为基础的静水压假说就不能对上述现象做出解释。

(2) 渗透压假说

为了更加合理地阐明混凝土冻融损伤机理，并解释苯溶液试验与静水压假说之间的矛盾，鲍尔斯等在试验研究的基础上，结合孔隙溶液浓度提出了渗透压假说。假说指出：混凝土内部不同半径大小孔隙内的溶液冻结温度不同，较大孔隙中的溶液在降温过程中会率先结晶，这提高了半径较小的孔隙内溶液的浓度，并和与之相连的末梢孔隙形成了浓度差，进而形成渗透压力。当混凝土内部孔隙由于冻融循环作用引起的渗透压力超过硬化水泥浆体的抗拉强度时，混凝土材料会发生冻融损伤。饱和溶液中盐溶质的浓度越高，则冻融循环作用初期渗透压力越大，混凝土孔隙内溶液的冻结温度反而越低。

结合上述两种假说，混凝土内部孔隙溶液的初始浓度越大，孔隙间因浓度差所产生的渗透压力越大，因孔隙内溶液结晶所产生的静水压力越小，如图 1-5 所示，当孔隙内溶液中 NaCl 的质量浓度($\rho_{n,NaCl}$)达到某临界值时，孔隙内部静水压力和渗透压力的合力 P_L 达到最大值。有文献通过试验证实，在质量浓度约为 3%的 NaCl 溶液环境中混凝土受冻融循环作用后的损伤程度最大。

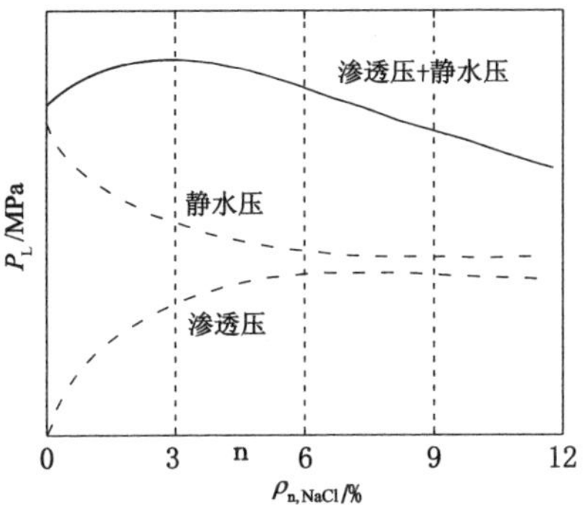

图 1-5 3%盐溶液导致混凝土损伤程度最大的示意图

(3) 热力学理论模型

根据水和冰在混凝土材料内部孔隙中的热力学平衡原理，学者们相继提出了结晶压理论和微冰晶理论，用于解释混凝土冻融损伤机理。

当混凝土孔隙内的溶液结晶，或者晶体从较大孔隙往附近较小孔隙生长时，在毛细作用的影响下冰水半球形界面达到新的热力学平衡。由于冰水半球形截面和孔隙界面存在着压力差，因此需要混凝土内部硬化浆体向冰晶体提供补偿压，此压力就是结晶压。当原有热力学平衡被打破时，高压力区的晶体融化成溶液并向低压力区运动，形成新的平衡。当硬化水泥浆体的抗拉强度无法承受混凝土内部孔隙中结晶压力时，混凝土材料会发生冻融损伤。为了平衡材料内部的结晶压，孔隙内的冰晶体趋向于朝着低压力方向生长，并将孔隙壁破坏，这也是自然界中冻胀现象的成因。

微冰晶理论是基于水蒸气、液态水以及冰晶体这三相之间的平衡极限条件的推导而得出的。在冻融循环作用下，随着混凝土材料的温度逐渐下降，混凝土内部孔隙中液态水的化学势逐渐高于结晶冰，进而起到了“低温泵”的作用，附近孔隙中液态水向结晶体迁移；当混凝土材料的温度逐渐升高时，液态水的迁移方向相反，这种迁移过程既可以通过结晶冰的融化直接达到迁移目的，又可以通过蒸发-凝结过程来实现。微冰晶理论的提出，对于混凝土内部孔隙水的饱和度随冻融循环次数的增加而提高的现象给出了合理的解释。

(4) 低周疲劳破坏理论

法杰伦德在开放环境和完全封闭环境中进行了混凝土试件的冻融循环试验。前者允许水和热自由传导，后者主要是为了阻止水的传递，而不会隔绝热的交换。由试验结果可知：当未对混凝土表面封闭处理时，其内部孔隙水的饱和度随着冻融循环次数的增加而增大。法杰伦德通过试验得出结论：引起混凝土材料冻融损伤的主要原因是低周疲劳作用，而且在冻融损伤过程中混凝土伴随有吸水过程，其内部孔隙水的饱和度会随着冻融损伤的增强而提高。

在冻融循环作用初期，混凝土内部孔隙水的饱和度相对较小，进而引起的冻融损伤也相对较小，混凝土材料的吸水能力随着冻融循环次数的增加而增强，其内部孔隙水的饱和度逐渐逼近阈值，当超过阈值时混凝土发生相对严重的冻融损伤。随着混凝土材料的冻融损伤逐渐严重，吸水能力逐渐增强，其内部孔隙水饱和度的逐渐提高带来了更严重的冻融损伤，形成恶性循环。以混凝土内部孔隙水的饱和度随着冻融循环次数增加而升高的现象为基础，法杰伦德结合渗透压假说提出：当混凝土表面盐溶液浓度为3%时，混凝土内部的孔隙溶液才能达到最大的饱和度，从而造成最严重的冻融损伤。

(5) 黏结剥落理论

瓦伦扎等基于黏结剥落理论解释了受盐水冻融循环作用后混凝土的表面剥落现象。当混凝土材料在盐溶液中发生冻融循环作用时，孔隙溶液冻结后晶体的热膨胀系数远大于硬化水泥的热膨胀系数（-10 ℃时冰的热膨胀系数为$159\times10^{-6}\ K^{-1}$，而硬化水泥的热膨胀系数为$30\times10^{-6}\ K^{-1}$）。由于热膨胀系数的差距较大，当表面存在盐溶液的混凝土降温冻结后，其表面会发生开裂剥落。试验结果表明：混凝土表面结冰厚度与表面剥落水泥砂浆的质量正相关。

科普罗格勒等通过模拟得出与瓦伦扎试验结果相似的结论：当浸泡盐溶液浓度相对较低时，混凝土表面冰的强度相对较大，不会因为黏结而使得混凝土表面产生大面积剥落。同时，当浸泡盐溶液的浓度相对较低时，由于溶液冻结温度降低而使混凝土表面结冰数量有限，无法对混凝土表面水泥浆体产生足够的破坏应力，同样也不会产生大面积剥落。研究结果表明：冻融循环作用下，混凝土表层水泥砂浆在混凝土表面溶液的盐溶质浓度为3%左右时剥落最为严重。

(6) 孔隙介质力学理论

在岩土、石油、水泥基、生物等涉及多孔材料的领域中，孔隙介质力学理论已得到广泛应用。孔隙介质力学理论在关于混凝土冻融循环研究中可以更细致、全面地考虑混凝土内部孔隙的应力变化，进而将孔隙内的应力直观表现在材料的宏观力学性能以及变形上，进而可以考虑由于升降温引起的混凝土宏观变形。

曾强以孔隙介质力学为基础，针对多孔材料低温结晶过程中的温度、压力、水分和离子等建立了相关的模型，并通过对经典问题的计算，验证了模型的有效性。最终以建立的孔隙力学模型为基础，分析了不同浓度孔隙溶液在非排水条件下结晶过程中水泥基材料的变形，以及产生变形的原因，对比分析了在排水和非排水条件下引起水泥基材料的低温变形。

总结上述文献可知：冻融循环作用下混凝土产生损伤的过程相对复杂，暂时设有统一的理论用以对混凝土冻融损伤机理进行解释。国内外学者普遍认为混凝土在3%左右溶液浸泡环境中发生的冻融损伤最为严重。海水的平均盐度约为3.5%，与混凝土冻融损伤最严重的劣化浓度（约3%）较为接近，因此需要对海水冻融循环作用后混凝土的耐久性能和力学性能进行分析和讨论。国内外学者另一个普遍认知是：孔隙结构是影响混凝土冻融损伤程度的最主要因素之一，孔隙半径的大小可以决定孔隙内部溶液在降温过程中结晶的冻结温度和体积。随着检测技术的不断发展，国内外学者提出了多种测试方法对混凝土内部冻融损伤、孔隙内溶液运动规律和孔隙内结晶体积进行定性和定量分析，进而对混凝土冻融损伤程度进行评价与分析，并为混凝土冻融损伤机理提供理论依据。

1.2.2 混凝土冻融损伤的评价方法

国内外已经将冻融循环作用后混凝土试件的评价方法纳入规范之中，如美国规范《混凝土抗速冻和速融的标准试验方法》(ASTM C666)、日本规范《混凝土耐冻结性和耐融化性的试验方法》(JIS A1148:2001)以及我国规范《普通混凝土长期性能和耐久性能试验方法标准》(GB/T 50082—2009)等。室内冻融循环试验方法根据混凝土在实际工程中发生冻融损伤的不同环境分为慢冻法、快冻法和盐冻法，分别对应气冻水融、水冻水融以及盐冻试验条件，普遍通过测量质量损失率、相对动弹性模量和抗压强度损失率来评判混凝土的冻融损伤程度。

我国规范在日本规范的基础上进行调整，在对混凝土试件进行冻融循环(快冻法)试验的过程中，当试件达到规定的冻融循环次数或试件的质量损失率已经超过5%时，可停止试验。不同冻融循环次数时混凝土试件平均质量损失率按式(1-1)、式(1-2)计算。

$$\Delta W_{Ni} = \frac{W_{0i} - W_{Ni}}{W_{0i}} \times 100\% \tag{1-1}$$

$$\Delta W_{N} = \frac{1}{3}\sum_{i=1}^{3}\Delta W_{Ni} \tag{1-2}$$

式中 ΔW_{Ni}——第 i 个混凝土试件在 N 次冻融循环作用后的质量损失率；

W_{0i}——第 i 个混凝土试件的初始质量；

W_{Ni}——第 i 个混凝土试件在 N 次冻融循环作用后的质量；

ΔW_{N}——混凝土试件在 N 次冻融循环作用后的平均质量损失率。

我国规范规定：在对混凝土试件进行冻融循环(快冻法)试验的过程中，当试件达到规定的冻融循环次数或试件的相对动弹性模量已经降低到60%时，停止试验。不同冻融循环次数时混凝土试件平均相对动弹性模量的计算公式见式(1-3)、式(1-4)。

$$P_{Ni} = \frac{f_{Ni}^2}{f_{0i}^2} \times 100\% \tag{1-3}$$

$$P_{N} = \frac{1}{3}\sum_{i=1}^{3}P_{Ni} \tag{1-4}$$

式中 P_{Ni}——第 i 个混凝土试件在 N 次冻融循环作用后的相对动弹性模量；

f_{0i}——第 i 个混凝土试件的初始横向基频；

f_{Ni}——第 i 个混凝土试件在 N 次冻融循环作用后的横向基频；

P_{N}——在 N 次冻融循环作用后混凝土试件的平均相对动弹性模量。

强度理论是传统钢筋混凝土结构设计和分析中的重要指标，因此需要将强度作为指标引入混凝土试件冻融损伤程度的评价中。我国规范规定：在对混凝土试件进行冻融循环(慢冻法)试验的过程中，当试件达到规定的冻融循环次数或试件的抗压强度损失率已达到25%时可以停止试验。不同冻融循环次数时混凝土试件平均强度损失率的计算公式见式(1-5)、式(1-6)。

$$\Delta f_{cNi} = \frac{f_{c0i} - f_{cNi}}{f_{c0i}} \times 100\% \tag{1-5}$$

$$\Delta f_{cN} = \frac{1}{3}\sum_{i=1}^{3}\Delta f_{cNi} \tag{1-6}$$

式中 Δf_{cNi}——第 i 个混凝土试件在 N 次冻融循环作用后的强度损失率；

f_{c0i}——第 i 个混凝土试件的初始强度；

f_{cNi}——第 i 个混凝土试件在 N 次冻融循环作用后的强度；

Δf_{cN}——在 N 次冻融循环作用后混凝土试件的平均强度损失率。

随着科学技术的发展，国内外学者引入了更先进的检测技术对冻融循环后的混凝土进行分析和评价，获得了很多有价值的图像和数据，为混凝土冻融损伤机理的研究提供了依据，同时为混凝土冻融损伤程度的评价提供方法。

在较早的研究中，鲍尔斯利用光学显微镜观测冻融损伤后混凝土内部孔隙结构的变化过程，最后提出采用平均气泡间隔系数来量化混凝土的抗冻性能。近些年来，国内外学者将扫描电子显微镜(scanning electron microscope，简称 SEM)引入混凝土冻融循环问题的研究中。通过 SEM 照片来观测冻融损伤前后混凝土内部孔隙结构的变化过程，不仅可以观测到混凝土内部微裂缝的产生和发展，还可以观测到混凝土内部气泡结构的变化和水化产物的不同，为解释混凝土冻融损伤机理提供依据。

通过结构工程的无损检测技术，可以量化混凝土内部孔隙在冻融循环作用过程中的变化情况，进而合理评价混凝土的冻融损伤程度。声发射(acoustic emission，简称 AE)技术是较为常见的检测混凝土内部微裂缝产生和发生的测试技术，已被应用到混凝土冻融损伤的评价中。小长井宣生等通过 AE 技术对冻融循环作用下的混凝土试件进行了测试，测试结果表明：冻融循环引起的 AE 信号主要发生在混凝土试件的降温阶段，在混凝土升温阶段也有微弱的信号产生。有文献通过 AE 技术对冻融循环作用下混凝土试件进行了测试，测试结果表明：损伤主要发生在降温过程中−10 ℃之前。而且有文献指出：随着降温速率的提高，混凝土试件内部损伤更严重。利用 AE 技术可以有效地对冻融循环作用下混凝土试件内部损伤的变化情况进行实时监控。

超声波检测(ultrasonic testing，简称 UT)技术可以归类于无损检测技术，现已应用到对混凝土材料冻融损伤程度的评价中。超声波在混凝土内部传播时，其速度或方向会受到混凝土内部缺陷或裂缝的影响而发生变化，有学者根据此现象提出利用 UT 技术对冻融损伤混凝土进行评价。阿克雷斯利用 54 kHz 的超声波信号对冻融损伤后混凝土试件进行了测试，表明混凝土试件内部的超声波传播速度在遭受冻融循环作用的早期并无明显变化，而随着冻融循环次数的增加产生了明显改变，说明冻融循环次数的增加会使混凝土内部的缺陷更严重。利用 UT 技术可以用于评价混凝土材料的损伤程度。

随着交叉学科的日益发展，有学者将医学研究中常用的核磁共振(nuclear magnetic resonance，简称 NMR)技术引入混凝土冻融损伤的研究中。普拉多等指出：利用 NMR 技术可以对冻融循环作用下孔隙内溶液的迁移方向和孔隙结构变化情况进行观测，观测到的结果直观且清晰，可以为混凝土冻融损伤机理的研究提供依据。

中子衍射(neutron diffraction，简称 ND)技术常用于检测多孔材料内部微观孔隙结构、相变过程、孔隙溶液运动过程和结晶量等。中子波对于氢水化合物反应较为敏感，可以准确地获得晶体或者孔隙的尺寸，从而精确测量冻融循环作用下混凝土内部孔隙冰晶的变化过程，以及内部孔隙结构的变化和发展。舒尔森等将 ND 技术引入混凝土冻融损伤问题的研究中，通过定量分析冻融循环作用下混凝土内部孔隙半径以及冰晶尺寸的变化，对混凝土的损伤程度进行评价。张鹏等利用 ND 技术对冻融损伤后混凝土试件的吸水演化过程以及氯离子渗透过程进行了定量分析，分析结果表明：当混凝土表层水泥砂浆发生剥落后试件相对动弹性模量无明显变化，但中子成像结果表明试件的水分渗透显著加深。因此提出对于混凝土冻融损伤的评估，需要对混凝土在冻融循环作用后的吸水能力进行分析。ND 技术可以对多孔材料(如混凝土)内部水的运动以及结晶量进行观测，而且观测结果直观且清晰，可以为混凝土冻融损伤机理的研究提供试验依据。

总结上述文献可知：国内外学者利用不同的测试技术，提出了多种用于评价混凝土抗冻性能和冻融损伤程度的方法。国内学者在室内试验中多以我国规范为基础，普遍通过测量质量损失率和相对动弹性模量作为混凝土抗冻性能的评价方法。采用规范规定方法的优点是可以方便不同文献之间的对比分析。有学者指出：当混凝土试件发生较为严重的冻融损伤时，质量损失和相对动弹性模量均未达到规范要求，说明在某些特定情况下采用规范的方法不能准确地对冻融损伤后混凝土进行评价，需要进一步对冻融损伤后混凝土力学性能进行分析和研究。利用SEM、NMR和ND等技术可以从微观层面较为精细地对混凝土冻融损伤进行观测和评价，但是较高的成本使得这些技术暂时无法应用到实际工程中。利用AE和UT等技术虽然不如前者一样精细和直观，但是通过分析接收信号和超声波等的改变，同样可以对混凝土试件的冻融损伤进行评价。随着大功率超声波设备的出现，UT技术以及超声层析成像方法在对混凝土冻融损伤的评价方面有着较广阔的应用前景。

1.2.3 冻融循环后混凝土力学性能的研究

冻融循环作用后的混凝土材料会发生损伤，其耐久性能逐渐降低的同时力学性能随之降低。在质量损失率和相对动弹性模量同时满足规范要求的前提下，其基本力学性能(强度指标等)是否满足工程要求，需要通过试验进行研究和分析。在早期的研究中，国内外学者通过试验方法讨论了冻融循环作用对混凝土各强度指标的影响。在针对冻融循环作用后钢筋混凝土构件进行数值模拟前，需要对冻融循环后混凝土的本构关系进行研究。国内外学者在这些领域都进行了大量试验研究，并获得了较为突出的成果，同时将混凝土冻融循环后的安全评估与宏观力学性能联系起来，有更为实际的意义。

(1) 基本力学性能

通过试验方法测量冻融循环后混凝土基本力学性能(强度指标等)的变化，可以直观说明冻融循环作用对混凝土力学性能的影响，其结果可以指导混凝土材料损伤的评价和钢筋混凝土结构设计。

施士升对淡水冻融循环后普通混凝土和高强混凝土基本力学性能进行了试验研究，研究结果表明：淡水冻融循环作用后混凝土试件的拉压强度、抗剪强度以及弹性模量和剪切模量均有不同程度降低，其中剪切模量的降低最明显。通过SEM技术对不同冻融循环次数后(高强)混凝土试件的微观结构进行了观测，研究了淡水冻融循环后(高强)混凝土微观结构和力学性能退化之间的关系。研究结果表明：普通混凝土相较于高强混凝土对淡水冻融循环作用更敏感。

曹大富等对不同强度等级的普通混凝土受淡水冻融循环作用后的基本力学性能进行了试验研究。研究结果表明：随着水灰比的提高，混凝土的抗冻性能随着水灰比的增大逐渐提高。随着冻融循环次数的增加，不同强度等级混凝土试件的轴心抗拉强度、劈裂抗拉强度以及受拉弹性模量的下降趋势明显，通过回归分析提出了混凝土各项强度指标与冻融循环次数之间的拟合关系式。

程红强等采用试验方法对淡水冻融循环后普通混凝土试件进行了研究。试验结果表明：当部分混凝土试件已经发生较为严重的冻融循环时(抗压强度明显降低)，其质量损失率未达到规范要求的5%。由此可知：混凝土的冻融损伤程度在某些情况下无法用质量损失率来准确评价；混凝土试件的抗折强度相比于轴心抗压强度和劈裂抗拉强度对冻融循环作用更敏感；当混凝土满足抗冻等级要求时，其抗震强度已经无法满足结构工程的要求，需要对钢筋混凝土结构的设计要求进行修改。

针对冻融循环后混凝土内部孔隙结构的试验研究可知：在正负温度的循环交替作用下，混凝土内部会出现围绕孔隙直径的微裂缝，水泥砂浆和粗骨料交界面处同样有微裂缝产生。混凝土内部微裂缝随着冻融循环次数的增加而逐渐扩展和延伸，孔隙的吸水能力逐渐增强。通过改变混凝土内部的孔隙结构可以提高混凝土的抗冻性能，进而改善混凝土冻融循环作用后的力学性能。相关文献通过试验方法证明：降低水灰比，掺入引气剂、矿物掺合料和纤维等方法可以改善混凝土内部孔隙结构，有效降低冻融循环作用对混凝土力学性能的影响。

(2) 应力-应变关系

混凝土应力-应变关系的研究可以为钢筋混凝土结构非线性问题的分析提供依据。冻融循环作用会影响混凝土的基本力学性能，其应力-应变关系也会发生改变。

段安等对淡水冻融循环后的混凝土试件进行了单轴压缩试验，并绘制了对应冻融循环次数时的混凝土应力-应变关系曲线。研究结果表明：随着冻融循环次数的增加，单轴压缩过程中的峰值应力降低，峰值应变延后。徐善华等通过试验研究得出了与段安等相同的结论，并以国内学者常用的过镇海混凝土本构模型为基础，结合试验结果对模型参数进行了拟合，在混凝土应力-应变关系式中考虑了冻融循环次数。

在针对混凝土应力-应变关系的研究中，试验方法大致相同：首先，对混凝土试件进行水冻水融试验条件下的快速冻融循环试验；然后，通过万能试验机对淡水冻融循环后混凝土试件进行单轴压缩试验。国内外学者在研究过程中的试验方法基本相同，但是所选择模型不尽相同。国内外学者常用过镇海提出的混凝土本构模型对试验数据进行回归分析，过镇海混凝土本构模型的计算公式见式(1-7)、式(1-8)。

$$\frac{\sigma_c}{\sigma_{cc}} = a\frac{\varepsilon_c}{\varepsilon_{cc}} + (3-2a)\left(\frac{\varepsilon_c}{\varepsilon_{cc}}\right)^2 + (a-2)\left(\frac{\varepsilon_c}{\varepsilon_{cc}}\right)^3 \quad \left(0 \leqslant \frac{\varepsilon_c}{\varepsilon_{cc}} < 1\right) \tag{1-7}$$

$$\frac{\sigma_c}{\sigma_{cc}} = \frac{\dfrac{\varepsilon_c}{\varepsilon_{cc}}}{b\left(\dfrac{\varepsilon_c}{\varepsilon_{cc}} - 1\right)^2 + \dfrac{\varepsilon_c}{\varepsilon_{cc}}} \quad \left(\frac{\varepsilon_c}{\varepsilon_{cc}} \geqslant 1\right) \tag{1-8}$$

式中 σ_c——混凝土单轴压缩过程中的应力；

ε_c——混凝土单轴压缩过程中的应变；

σ_{cc}——混凝土单轴压缩峰值应力；

ε_{cc}——混凝土单轴压缩峰值应变；

a——本构模型上升段的形状参数；

b——本构模型下降段的形状参数。

贾超等利用材料损伤变量服从 Weibull 分布的特性，以试验结果为基础，回归分析得到 Weibull 分布的双参数取值，最终建立了淡水冻融循环后混凝土材料的应力-应变关系。关虓等采用平行杆模型理论，建立了基于 Weibull 强度理论的混凝土损伤本构关系，并对淡水冻融循环后混凝土试件的单轴受压试验进行了数值模拟，将试验结果与数值模拟结果进行了对比，验证了所提模型的合理性。

刘荣桂等通过单轴压缩试验研究了不同冻融循环次数时引气混凝土的应力-应变关系，根据多锐化点退化模型，建立了淡水冻融循环后混凝土材料的损伤本构关系(应力-应变关系)，并与采用过镇海本构模型的计算结果进行对比。对比结果表明：采用刘荣桂等提出的损伤本构模型的计算结果与试验结果更吻合，模型可以应用于引气混凝土结构的非线性分析。

针对冻融循环后混凝土应力-应变关系的研究，需要考虑冻融循环作用后混凝土内部的冻融损伤。部分文献对冻融循环作用后混凝土产生的损伤进行了研究，提出了不同的冻融损伤评价模型。

段安等基于混凝土随机损伤理论，建立了淡水冻融循环后混凝土的随机损伤本构关系，推导出了冻融损伤的平均值和方差表达式。为了修正模型参数，段安等对淡水冻融循环后混凝土试件进行了单轴受压试验，利用试验结果对模型参数进行了修正。通过与其他混凝土试件的试验结果对比，验证所提随机损伤模型的可靠性，为验证混凝土冻融循环过程中的非均质性提供了理论依据。

伯托等对混凝土化学-力学耦合损伤模型进行了改进，增加了环境退化参数来表征冻融循环作用对混凝土试件抗压性能和抗拉性能的影响，建立了考虑淡水冻融循环作用的混凝土损伤模型。为了验证模型的准确性，对淡水冻融循环作用后的钢筋混凝土简支梁弯曲试验进行了数值模拟。通过对数值模拟结果与试验结果进行对比可知：所提模型能够较准确地贴合试验中的破坏荷载、极限位移以及破坏模型。

尼利等用动弹性模量的降低来描绘冻融循环作用后混凝土内部产生的损伤，提出了二段式模型来描述混凝土内部冻融损伤与冻融循环次数之间的关系。为了验证所提模型的准确性，对比分析了 55 组淡水冻融损伤混凝土试件的试验结果。试验结果表明：通过模型计算的不同淡水冻融循环次数后混凝土试件的冻融损伤值与试验确定的损伤值吻合度较好，说明所提模型可以为淡水混凝土冻融损伤程度的评价提供参考。

在钢筋混凝土结构中混凝土处于复杂的多轴应力状态，针对冻融循环后混凝土多轴强度和变形特性的研究，有利于准确地对冻融循环作用后钢筋混凝土结构进行分析。商怀帅等通过试验研究得出了淡水冻融循环作用下普通混凝土和引气混凝土试件在不同围压作用下的应力-应变关系。结合试验结果进行了参数拟合，并建立了淡水冻融循环后混凝土的双轴和三轴破坏准则。刘晓宇等通过淡水冻融循环后混凝土试件的多轴受压试验数据，分别对比分析了多位学者提出的破坏准则对冻融循环作用后混凝土多轴强度的预测能力，分析认为威兰-沃恩克准则更为准确。

在对冻融循环作用后的钢筋混凝土结构进行非线性分析时，不仅需要对冻融循环后混凝土材料单轴受压过程中的应力-应变关系进行研究，还需要考虑其在反复压缩荷载作用下的应力-应变关系。

徐善华等通过反复压缩试验对淡水冻融循环后混凝土材料的应力-应变关系进行了研究，讨论了冻融循环次数对应力-应变关系曲线、卸载曲线和再加载曲线的影响。淡水冻融循环作用会引起混凝土试件在单轴受压过程中的峰值应力、初始切线模量和峰值点割线模量的降低，但峰值应变增大。因为“压实”作用的影响，在峰值应力之前包络曲线和再加载曲线存在明显的下凹形态，卸载曲线的应变滞后现象较为严重，卸载曲线随着冻融循环次数的增加而逐渐趋于重合。

齐振麟和刘凯华通过反复压缩试验对淡水冻融循环后再生混凝土材料的力学性能进行了研究，建立了冻融循环次数和应力-应变关系曲线、卸载曲线和再加载曲线之间的关系。试验结果表明：混凝土试件的抗冻性能随着再生骨料替代率的增大而逐渐降低。利用过镇海混凝土本构模型对淡水冻融循环后再生骨料混凝土包络曲线、卸载曲线和再加载曲线进行了拟合。

哈森等对不同淡水冻融循环次数时混凝土试件进行了疲劳荷载试验，分别测量了冻融循环作用以及疲劳作用下混凝土试件的应变。试验结果表明：混凝土试件发生冻融循环损伤的过程为不可逆的拉伸膨胀过程。根据试验结果建立了淡水冻融循环后混凝土试件的动力本构关系，并提出了本构关系中卸载和再加载模量的表达式。

在钢筋混凝土结构的设计中通常采用箍筋对混凝土截面进行约束，用于提高钢筋混凝土构件的轴心抗压强度和变形能力，并满足钢筋混凝土构件的斜截面抗剪能力。段安等在以往研究的基础上，对箍筋约束的混凝土试件进行了试验。试验结果表明：减小箍筋间距可以有效提高混凝土试件的抗冻性能。根据试验结果得到了淡水冻融循环后约束混凝土在单轴受压过程中的应力-应变关系，并确定了应力-应变表达式中的参数。

马志鸣等以混凝土材料的劈裂抗拉试验为基础，设计制作了楔形混凝土劈裂抗拉试件，通过试验方法获得了淡水冻融循环后混凝土试件在劈裂抗拉试验中的荷载-裂缝宽度关系，并根据试验曲线确定了不同冻融循环次数时各试件的断裂能。研究结果表明：随着淡水冻融循环次数的增加，混凝土试件在劈裂抗拉试验过程中的峰值荷载和断裂能逐渐降低，裂缝峰值宽度和极限宽度逐渐减小。

针对冻融循环作用后混凝土在荷载作用下应力-应变关系的研究，主要以室内快速冻融循环试验为主，浸泡溶液普遍采用淡水，冻融环境普遍采用水冻水融试验条件来模拟。以上研究结果表明：冻融损伤随着冻融循环次数的增加不断增大，混凝土在压缩荷载作用下的峰值应力逐渐降低，峰值应变逐渐增加。

(3) 黏结-滑移关系

黏结作用是使得钢筋与混凝土能够在混凝土结构中协同工作的前提，黏结作用主要由以下三个部分提供：① 在硬化过程中混凝土发生收缩而对其内部钢筋产生的握裹力；② 水化反应过程中在钢筋和混凝土交界面上产生的胶着力；③ 由于钢筋和混凝土表面粗糙而形成的机械咬合力。

混凝土发生冻融循环后其强度会降低，当混凝土的强度发生改变时，会直接影响钢筋和混凝土之间的握裹力、胶着力和机械咬合力，进而影响钢筋和混凝土之间的黏结作用。为此，国内外学者采用试验方法对冻融循环后钢筋和混凝土之间的黏结-滑移关系以及破坏形式进行了大量研究。

一些学者设计并制作了钢筋混凝土拉拔试验所用试件，对试件进行了淡水浸泡环境下的快速冻融循环试验，通过拉拔试验绘制了试件在不同淡水冻融循环次数下对应的黏结-滑移曲线，对比分析了不同变量试件遭受冻融循环作用后黏结作用的退化机理。总结试验结果可知：当试件发生淡水冻融循环作用后，包裹受力钢筋的混凝土强度会显著下降，从而影响钢筋和混凝土之间的黏结作用，甚至改变二者之间的破坏形式。在上述研究中钢筋主要采用光圆钢筋和带肋钢筋这两种形式，以下分别介绍不同形式钢筋对淡水冻融循环后试件黏结-滑移关系和破坏形式的影响。

光圆钢筋的表面相对平整，其与混凝土之间存在较小的机械咬合力，二者之间发生相对滑动前主要由胶着力来提供黏结作用，当相对滑动产生后，说明二者之间的胶着力已经失效，此时主要由混凝土收缩产生的握裹力来提供黏结作用，直至破坏。整个拉拔试验过程可以依次分为线性阶段、局部脱黏阶段、内部拥塞阶段以及完全脱黏阶段。冻融循环作用对四个阶段的影响如下：

① 线性阶段主要由钢筋和混凝土之间的胶着力提供黏结作用，光圆钢筋的自由端未产生相对位移，钢筋和混凝土之间的胶着力随着冻融循环次数的增加逐渐降低，淡水冻融循环后试件在拉拔试验过程中线性阶段消失；

② 在局部脱黏阶段，胶着力逐渐消失，黏结作用主要靠混凝土对钢筋的握裹力来承担，光圆钢筋的自由端产生初始滑动位移。

③ 在内部拥塞阶段，胶着力已经完全消失，极限黏结应力迅速降低。

④ 完全脱黏阶段主要由钢筋和混凝土交界面处的摩擦力来提供黏结作用，此时残余黏结应力基本保持不变直到试验结束。

试验结果表明：当试件冻融循环次数达到 15 次以后，钢筋和混凝土之间的黏结强度已损失超过 95%，极限黏结强度降低 60%左右。

徐颖哲通过反复拉拔试验，绘制了淡水冻融循环后光圆钢筋混凝土试件的黏结-滑移曲线。试验结果表明：试件在首个加载循环过程中已经达到峰值黏结应力，随着试验的进行，单次拉压循环中的黏结强度和模量均降低，黏结-滑移曲线围成的面积逐渐减小。峰值黏结应力和耗能能力随着冻融循环次数的增加迅速降低。以滕智明的模型为基础，建立了淡水冻融循环作用下光圆钢筋和混凝土之间的黏结-滑移关系表达式，并结合试验结果确定了表达式中各关键参数的取值。

带肋钢筋的表面被制造出月牙形状的肋，与周围混凝土之间的机械咬合力增强。当钢筋周围的混凝土产生冻融损伤后，会直接破坏二者之间的机械咬合力，从而降低黏结作用。整个拉拔试验过程可以分为线性阶段、局部脱黏阶段、劈裂阶段，冻融循环作用对各阶段的影响如下：

① 与光圆钢筋的不同之处：由于机械咬合力的存在，冻融损伤后试件的线性阶段并未消失；

② 冻融循环作用会对混凝土劈裂过程中的黏结-滑移曲线造成影响，劈裂阶段的试验曲线会随着冻融循环次数的增加变得更加“平坦”；

③ 钢筋周围混凝土的冻融损伤程度随着冻融循环次数的增加逐渐严重，试件的破坏形式由劈裂破坏转变为钢筋拔出破坏。

朱方之等对持续荷载作用下的混凝土试件进行了海水浸泡环境下的快速冻融循环试验，并通过拉拔试验对比分析了持续荷载(极限拉拔力的 30%和 50%)和淡水冻融循环作用对带肋钢筋和混凝土之间黏结性能的影响。试验结果表明：破坏形式不受淡水冻融循环作用和持续荷载的影响，且均为混凝土劈裂破坏；当淡水冻融循环次数超过 50 次之后，持续荷载通过影响混凝土的抗冻性能，进而影响钢筋和混凝土之间的黏结作用；由于钢筋和混凝土的线膨胀系数存在 0.1×10^{-5}℃的差值，在升温阶段二者交界面上会产生大于胶着力的切向应力，在切向应力的疲劳作用下黏结作用逐渐减弱。

针对冻融循环作用后钢筋和混凝土之间黏结-滑移关系的研究，主要以室内快速冻融循环试验方法为主，浸泡介质普遍采用淡水，冻融环境普遍通过水冻水融试验条件来模拟。以上研究结果表明：混凝土冻融损伤随着冻融循环次数的增加而不断增大，导致钢筋和混凝土之间的黏结作用逐渐减弱，带肋钢筋试件的破坏形式发生变化。

总结上述文献可知:针对冻融循环后混凝土本构关系的研究,公认采用室内快速冻融循环试验方法,浸泡溶液普遍采用淡水,冻融环境公认采用水冻水融试验条件来模拟。以淡水作为浸泡介质获得的冻融循环后混凝土本构关系并不能代表其他浸泡介质时混凝土发生冻融损伤后的本构关系,如海水或除冰盐环境等。因此,有必要根据所选浸泡介质确定不同冻融循环次数时混凝土的本构关系。

1.3 冻融循环后钢筋混凝土构件力学性能的研究现状

钢筋混凝土构件在服役期间长期遭受冻融循环作用的影响,为了更加准确地对其服役状态进行评价,在冻融循环后混凝土材料力学性能研究的基础上,需要对冻融循环作用后钢筋混凝土构件的力学性能进行研究。目前,针对冻融循环后钢筋混凝土构件力学性能的研究,主要采用试验方法和数值模拟方法,国内外学者进行了较多研究,可以为寒冷地区钢筋混凝土结构的设计工作提供参考。

1.3.1 冻融循环后混凝土构件力学性能的试验研究

受到冻融循环试验条件的限制,学者们主要采用缩尺模型对冻融循环作用后钢筋混凝土构件的力学性能进行试验研究,研究对象包括混凝土梁、墩柱、墙和节点等,研究方法以静力试验和低周往复荷载试验为主。

针对冻融循环后钢筋混凝土梁力学性能的研究,主要集中在钢筋混凝土梁的抗弯性能和抗剪性能等。一些学者采用三分点加载试验对气冻气融试验条件下发生淡水冻融损伤的钢筋混凝土梁进行了研究。在破坏形态、裂缝发展规律、开裂荷载、承载力以及钢筋应变等方面,对比分析了不同淡水冻融循环次数对钢筋混凝土梁抗弯性能的影响。总结试验结果可知随着淡水冻融循环次数的增加:

① 试件表面水泥砂浆的剥落情况逐渐严重;

② 试件在静力试验过程中的开裂荷载、承载力以及极限挠度逐渐减小;

③ 冻融循环作用会引起混凝土材料基础力学性能的降低,进而会改变试件梁的破坏形式,由适筋破坏转变为超筋破坏;

④ 箍筋应变的变化速率提高,而极限应变降低。

根据试验结果,曹大富等推导出了淡水冻融循环后钢筋混凝土梁极限配筋率的计算公式。关虓等在钢筋混凝土梁的跨中处等间距分布了混凝土应变片,研究了不同淡水冻融循环次数时跨中混凝土应变沿截面高度的分布情况。研究结果表明:混凝土抗拉强度、抗压强度以及钢筋混凝土之间的黏结应力随着淡水冻融循环次数的增加而降低,使得混凝土极限应变逐渐提高,中和轴逐渐上移。

段安等对钢筋混凝土梁进行了淡水浸泡环境下的快速冻融循环试验,在试验过程中持续施加恒定的轴向荷载,并通过四点弯曲静力荷载试验对不同工况下钢筋混凝土梁的抗弯性能进行对比分析和讨论。由分析结果可知:在快速冻融循环过程中对钢筋混凝土梁试件施加持续荷载会加快其冻融损伤的劣化速度,而对静力试验过程中的极限挠度影响并不明显。

一些学者分别对淡水冻融循环后预应力钢筋混凝土梁进行了弯曲静力荷载试验和疲劳

荷载试验，研究了淡水冻融循环作用对钢筋混凝土梁抗弯性能和预应力度的影响。分析可知：淡水冻融循环作用会影响试件的预应力度，进而导致预应力钢筋混凝土梁抗弯承载力降低。对比不同预应力度的试验结果可知：淡水冻融循环作用与试件表面水泥砂浆的剥蚀现象和预应力度之间无直接关系，通过提高试件的预应力度可以有效提高预应力钢筋混凝土梁的抗冻性能。在试验研究的基础上，建立了淡水冻融循环后预应力钢筋混凝土梁抗弯承载力的计算公式以及疲劳损伤模型。

秦卿等在气冻气融试验条件下对钢筋混凝土柱（剪跨比 $\lambda=5.0$）进行了淡水冻融循环试验，随后对冻融损伤后的钢筋混凝土柱进行了低周往复荷载试验，通过对比破坏形式、滞回曲线、承载力以及位移延性系数等，分析了不同淡水冻融循环次数对钢筋混凝土柱抗震性能的影响。分析可知：在低周往复荷载试验中，淡水冻融循环后钢筋混凝土柱的主要破坏形式是弯曲破坏，且破坏形式不受冻融循环次数的影响；钢筋混凝土柱的承载力和位移延性系数均随着淡水冻融循环次数的增加而降低。

张艺欣等在气冻气融试验条件下对不同设计参数（混凝土强度等级、轴压比和剪跨比）的钢筋混凝土柱进行了淡水冻融循环试验，并对冻融损伤后的钢筋混凝土柱进行了低周往复荷载试验，通过对比破坏形式、滞回曲线、承载力、刚度退化和累积耗能，分析了不同冻融循环次数对钢筋混凝土柱抗震性能的影响。研究结果表明：淡水冻融循环后小剪跨比钢筋混凝土柱（剪跨比 $\lambda=2.5$）在低周往复荷载试验中的破坏形式由弯剪破坏逐渐转变为剪弯破坏；各试件的承载能力、变形能力和累积耗能能力随着淡水冻融循环次数的增加均出现不同程度的降低，其中，强度和刚度的降低速率逐渐增大；淡水冻融循环次数相同时，钢筋混凝土柱的承载力和耗能能力随着试验轴压比的增大先增大后减小，变形能力逐渐减小，刚度退化的速率不断增大，钢筋混凝土柱的承载力和耗能能力随着混凝土强度等级的增大而增大，位移延性系数略减小。

徐善华等利用低周往复荷载试验对淡水冻融循环后钢筋混凝土桥墩进行了研究，对比分析了不同冻融循环次数和轴压比时钢筋混凝土桥墩的破坏形式、滞回曲线、承载力、位移延性系数、刚度退化以及耗能能力，试件的冻融环境采用气冻气融的试验条件来模拟。研究可知：钢筋混凝土桥墩的承载力、位移延性系数、耗能能力随着淡水冻融循环次数的增加均有不同程度的降低，试件刚度降低的速率逐渐增大，总体来看钢筋混凝土桥墩的抗震性能随着淡水冻融循环次数的增加而降低。

刘凯华利用低周往复荷载试验对淡水冻融循环后再生骨料替代钢筋混凝土墩柱进行了试验，对比分析了不同冻融循环次数、再生骨料取代率、轴压比和体积配箍率对钢筋混凝土墩柱抗震性能的影响，观察了再生骨料钢筋混凝土墩柱冻融前后的破坏状态，分析了试件的承载力、位移延性系数、刚度退化和耗能能力的变化规律，评定了钢筋混凝土墩柱塑性铰区域的变形性能。

郑山锁等采用气冻气融试验条件模拟了墙体在雨水或蒸汽环境下发生冻融损伤的过程，并对不同淡水冻融循环次数、混凝土强度等级、轴压比和剪跨比时的剪力墙进行了低周往复荷载试验。试验结果表明：淡水冻融循环后低矮剪力墙（剪跨比 $\lambda=1.14$）在低周往复荷载试验后由弯曲为主的弯剪破坏逐渐转变为剪切为主的剪弯破坏；剪力墙的抗剪承载力随着淡水冻融循环次数的增加显著降低，位移延性系数、塑性转角和强度衰减幅值略有提高，耗能能力逐渐降低；相同的冻融循环次数（100 次）时，剪力墙的承载力和耗能能力随着混凝土强度等级的提高逐渐提高，强度衰减和刚度退化幅值逐渐降低，位移延性系数先增大后减小。

杨威等在气冻气融试验条件下对剪力墙进行了淡水冻融循环试验，随后对不同冻融循环次数时的试件进行了低周往复荷载试验。通过分析剪力墙的破坏模式、滞回曲线、承载力、耗能能力以及做功指标，对比分析了淡水冻融循环作用对剪力墙抗震性能的影响。研究可知：淡水冻融循环作用会改变剪力墙的开裂模式，冻融损伤程度较为严重的试件，其墙体的开裂形式从弯曲开裂转变为剪切开裂；剪力墙的破坏模式随着淡水冻融循环次数的增加从对角拉伸破坏转变为压缩破坏，剪切变形对总变形的贡献逐渐增大，承载力逐渐降低；在相同冻融循环次数(300 次)下，剪力墙的位移延性系数和塑性转角幅值均有较大幅度提高；淡水冻融循环次数对耗能系数和累积耗能总量的影响相对较大，对做功指数的影响并不明显。

郑捷等在气冻气融试验条件下对钢筋混凝土框架节点进行了淡水冻融循环试验，随后对不同设计参数的试件进行了低周往复荷载试验，通过分析钢筋混凝土框架节点破坏模式、滞回曲线、位移延性系数、承载力以及耗能能力，对比分析了淡水冻融循环作用对钢筋混凝土框架节点抗震性能的影响。由试验结果可知：低周往复荷载试验中的轴压比会影响试件的开裂模式，增大轴压比后试件核心区域产生“X”形斜裂缝的位移幅值增大，并且斜裂缝的延伸速率也会减小；淡水冻融循环作用会直接影响试件核心区域混凝土的力学性能，导致核心区域变形占总变形的比例逐渐增大，试件的承载力、位移延性系数以及耗能能力逐渐降低；淡水冻融循环次数与试件梁-节点之间的黏结性能成反比关系。

总结上述文献可知：针对淡水冻融循环后混凝土构件抗震性能的研究，公认采用低周往复荷载试验的方法，其冻融环境普遍采用气冻气融的试验条件来模拟。气冻气融的试验条件用于还原蒸汽或淋雨等环境下钢筋混凝土构件发生损伤的冻融环境，并不能完全还原长期浸泡在溶液中并处于饱和状态下钢筋混凝土构件发生损伤的冻融环境，如近海桥梁的钢筋混凝土桥墩等。因此，需要根据具体的研究对象合理选择冻融试验条件以及试验方案。

1.3.2 冻融循环后钢筋混凝土构件数值模拟方法的研究

针对冻融循环后钢筋混凝土构件力学性能的研究，主要集中在抗震性能方面，理想的恢复力模型可以真实反映寒冷地区钢筋混凝土构件在地震作用下的受力情况。国内外学者通常采用理论推导方法或者试验结果拟合方法来建立冻融循环后钢筋混凝土构件的恢复力模型。由于混凝土材料力学性能、钢筋和混凝土之间黏结作用以及混凝土开裂等因素均会对钢筋混凝土构件的力学性能产生影响，因而现有研究中通常采用试验结果拟合方法建立冻融循环后钢筋混凝土构件的恢复力模型。

王燕建立了淡水冻融循环后钢筋混凝土桥墩的恢复力模型，并根据低周往复荷载试验的结果确定了所建立模型中各特征点的计算方法，所提恢复力模型适用于淡水环境下钢筋混凝土桥墩抗震问题的研究。

郑山锁等建立了淡水冻融循环后剪力墙和低矮剪力墙的恢复力模型，并针对相关试验进行数值分析，通过对比分析试验与数值计算的滞回曲线以及累积耗能，验证了所提模型的有效性，表明所建立的恢复力模型能较好地反映淡水冻融循环后(低矮)剪力墙在地震作用下的力学性能。

郑捷等通过对试验结果进行回归分析,得到了淡水冻融循环后钢筋混凝土框架节点能量耗散系数的数学表达式,确定了基于循环耗能的循环退化指数,以及所建模型中各特征点的计算方法,给出了具体的滞回曲线绘制规则,建立了适用于淡水冻融循环后钢筋混凝土框架节点的恢复力模型。

除了建立合适的恢复力模型外,国内外学者通常采用纤维单元法和有限元法对钢筋混凝土构件进行数值模拟,二者均以材料的本构关系为基础。

王燕在淡水冻融循环后混凝土材料应力-应变关系试验研究的基础上,确定了淡水冻融循环后混凝土材料的本构关系,并对淡水冻融循环后钢筋混凝土柱在低周往复荷载试验中的力学行为进行了数值模拟,通过与试验结果进行对比,验证了数值模拟方法的准确性。

张艺欣等利用纤维梁单元法对淡水冻融循环后剪力墙和钢筋混凝土柱进行了数值模拟。基于钢筋混凝土试件的拉拔试验建立了可以考虑冻融损伤分布的黏结强度退化规律,并根据简化黏结应力分布假设,建立了冻融损伤黏结-滑移计算方法,提出了可以考虑不均匀冻融损伤与黏结-滑移效应的纤维梁柱模型。采用 Open SEES 软件对淡水冻融循环后剪力墙和钢筋混凝土柱的低周往复荷载试验进行数值模拟,并与试验结果进行对比分析,验证了所提模型和数值模拟方法的有效性。

总结上述文献可知:针对冻融循环后钢筋混凝土构件数值模拟方法的研究,公认采用纤维单元法和有限元法进行数值模拟。在建模过程中考虑混凝土构件的冻融深度,可以使数值模拟结果更贴近试验结果。因此,在对海水冻融循环后混凝土桥墩的抗震问题进行数值模拟前,有必要对海水冻融循环后混凝土桥墩的冻融深度进行研究。

1.3.3 现场混凝土构件冻融损伤的影响因素

针对冻融循环后混凝土构件力学性能的研究,主要以室内试验为主。为了将现场自然环境与室内试验环境进行联系,使得室内试验环境更贴近现场自然环境,需要对影响现场钢筋混凝土构件冻融损伤的因素进行分析和讨论,从而改进室内试验条件和方案,使得室内试验结果能够准确反映现场遭受冻融循环后钢筋混凝土构件的力学性能。

(1) 浸泡介质

针对冻融循环后混凝土耐久性能和力学性能的试验研究,普遍采用淡水作为冻融循环试验的浸泡介质。由于靠近海洋环境或使用除冰剂等原因,寒冷地区钢筋混凝土构件在遭受冻融循环作用的过程中会伴随着盐溶液的存在,其中最主要的盐溶液为氯盐溶液和硫酸盐溶液。一些学者进行了快速冻融循环试验,分别采用淡水、氯盐溶液和硫酸盐溶液作为浸泡介质,对比分析了试件的质量损失率、相对动弹性模量以及基本力学性能。研究可知:在盐溶液浸泡环境下进行快速冻融循环试验的混凝土试件,其劣化速度更快,剥蚀程度更严重。

盐溶液的存在不仅会使得混凝土材料的劣化速度加快,当钢筋混凝土构件表面水泥砂浆剥落后,盐溶液还会使钢筋的锈蚀速度加快,钢筋和混凝土材料力学性能的退化会直接影响二者之间的黏结作用。一些学者采用单面冻融法(或称为盐冻法)对内嵌钢筋的混凝土试件进行了冻融循环试验,并通过半电池电位法和线性极化法分别测定了试件内部钢筋的电位和电流密度,定量分析了冻融循环作用后混凝土试件内部钢筋的锈蚀情况。由试验结果可知:钢筋的锈蚀速率与混凝土试件遭受的冻融循环次数呈正相关;可以通过提高保护层厚度来对试件内部的钢筋进行保护。

为了更加合理地对盐溶液环境下冻融循环后受弯钢筋混凝土构件内钢筋-混凝土之间的黏结作用进行研究，何世钦等采用梁式黏结-滑移试件进行试验。首先在盐溶液浸泡环境中对试件进行快速冻融循环试验，然后通过拉拔试验得到了试件在不同冻融循环次数时的黏结-滑移关系。由试验结果可知：与淡水环境相比，钢筋和混凝土之间黏结性能在盐溶液下遭受冻融循环作用后加速退化。通过回归分析确定了在盐溶液浸泡环境中发生冻融损伤后钢筋和混凝土之间黏结-滑移关系的计算方法。

在盐溶液浸泡环境中遭受冻融循环作用会降低混凝土材料的力学性能，加快钢筋锈蚀的速度，使得钢筋和混凝土之间的黏结性能退化，最终对钢筋混凝土构件的力学性能造成不利影响。根据一些学者的试验可知：在盐溶液侵蚀作用和冻融循环作用的耦合作用下钢筋混凝土梁的承载能力下降。

遭受冻融循环作用的钢筋混凝土结构主要会发生两种形式损伤——表面水泥砂浆剥落和内部孔隙结构疏松。盐冻作用不仅会加快混凝土力学性能的退化速度，还会加重结构表面水泥砂浆的剥落程度。氯离子和硫酸根离子的存在使得混凝土冻融损伤过程变得相对复杂，不仅会降低混凝土内部孔隙溶液的冻结温度，还会提高混凝土内部孔隙的渗透压力，同时水化反应的产物会提高孔隙内壁的膨胀压力，进而加快混凝土内部冻融损伤的劣化速度。由试验结果可知：氯离子在混凝土内部的扩散速度会受到环境温度的影响，当试验中的浸泡溶液发生相对流动时，氯离子的扩散速度同样会加快。因此，在海水冻融循环作用后钢筋混凝土构件的试验研究中，需要考虑盐溶液作为浸泡介质带来的影响。

(2) 冻融循环次数

混凝土在冻融循环作用下发生损伤的过程相对复杂，需要考虑其内部孔隙溶液的温度、饱和度以及孔隙结构等因素，这导致针对混凝土冻融损伤机理的解释和假说各不相同，但是可以达成共识的是，混凝土的冻融损伤程度与冻融循环次数有关，针对钢筋混凝土构件冻融循环次数的研究非常有必要。钢筋混凝土构件暴露在空气中发生气冻气融时，其冻融循环次数主要由当日温差决定，相对方便进行统计。针对水工钢筋混凝土结构冻融循环次数的研究相对较少，主要是南京水利科学研究院所做的研究。通过在塘沽新港、大连湾渔港等码头的中潮位处放置混凝土试件，进而统计不同地区在自然条件下混凝土发生冻融循环作用的次数。

李金玉等对北京十三陵抽水蓄能电站上池混凝土进行了实地取样，测量了混凝土试件的动弹性模量，并与同批次混凝土室内快速冻融循环试验的结果进行了对比，以动弹性模量为媒介，确定了非引气混凝土试件在室内试验环境与现场自然环境下冻融循环次数的换算比例约为 1∶12，引气混凝土试件的换算比例约为 1∶13.5。

余红发等对混凝土试件进行了淡水浸泡环境下的快速冻融循环试验后可知：混凝土试件在冻融损伤的不同阶段，其耐久性降低的速率并不相同，在冻融损伤后期混凝土试件耐久性降低速率明显高于冻融损伤初期。在李金玉等的研究中，试件的相对动弹性模量均不超过 90%，并未达到规范要求的 60%，说明此时混凝土结构处于冻融损伤的早期阶段。在混凝土试件淡水冻融循环试验的基础上，余红发等提出了非引气混凝土试件在室内试验环境与现场自然环境下冻融循环次数的换算比例为 1∶8～1∶9。针对自然环境和室内环境下冻融循环次数之间比例关系的研究，使得室内试验的结果更具有实际意义。

（3）冻融深度

在冻融循环后钢筋混凝土构件的数值计算中，已有学者开始注意到混凝土冻融损伤不均匀分布的特点。针对钢筋混凝土构件冻融深度的研究，可以建立更贴近实际情况的分析模型，使数值模拟结果更准确。

在钢筋混凝土构件遭受冻融循环作用的过程中，构件表面与内部存在着温差，段安认为混凝土内部的温度梯度可以用简谐波的形式进行描述，整个换热过程被定义为均匀半无限大物体在周期性变化边界条件下的温度场。在钢筋混凝土构件的降温过程中，当混凝土内部孔隙溶液的温度低于其冻结温度时，定义混凝土发生冻融损伤。测量钢筋混凝土构件表面到混凝土孔隙在正负温度循环作用下未发生冻结位置之间的距离，即钢筋混凝土构件的冻融深度。在实际工程中，将混凝土内部的传热过程简化为简谐波的形式不够严谨，需要考虑钢筋混凝土构件表面的对流换热过程和热辐射过程，使得计算的冻融深度更贴近实际情况。

较为成熟的UT技术已被应用到混凝土试件冻融深度的测量之中。UT技术的原理是当混凝土内部存在缺陷或发生损伤时，超声波在其内部的传播速度会降低。根据这一原理，一些学者提出了冻融循环后混凝土试件冻融深度的测试方法。首先，整理被测试件的表面，使其处于平整和干燥状态，将超声波入射装置固定于混凝土待测区边缘位置。然后，通过等间距移动超声波接收装置，测量不同工况下的超声波走时，并绘制走时-间距关系曲线。最后，根据曲线的交叉点来确定冻融深度。一些学者基于无损检测技术，对比分析不同入射和接收测区的超声波信息，以确定冻融循环后混凝土的冻融深度。

彼德森等对混凝土试件进行了淡水冻融循环试验，并采用混凝土超声波检测仪对试件不同位置处的动弹性模量进行测试，以相对动弹性模量为媒介，确定了不同冻融深度范围与淡水冻融循环次数之间的关系。由于不同试验结果之间的差异较大，张艺欣等在试验研究的基础上对彼德森的关系式进行了修正，同样以相对动弹性模量为媒介，确定了不同冻融深度范围内混凝土材料的应力-应变关系，并用于淡水冻融循环后钢筋混凝土柱的数值模拟中，数值模拟结果与试验结果吻合良好。

总结上述文献可知：浸泡介质对混凝土冻融循环试验的结果影响较大，需要根据不同的研究对象合理选择试验的浸泡介质。浸泡介质中溶质浓度的不同会影响混凝土孔隙内溶液的冻结温度，进而影响钢筋混凝土构件在试验过程中的冻融深度。在建立数值分析模型时，考虑钢筋混凝土构件的实际冻融深度，可以使得数值模拟结果更准确。因此，有必要根据所选浸泡介质确定冻融深度与冻融循环次数之间的关系。

1.4 现存问题总结

针对淡水冻融循环后混凝土本构关系以及钢筋混凝土桥墩抗震性能的研究中，国内外学者已经获得了丰硕的研究成果。然而，由于所处环境不同，以现有的试验方案和研究成果对海水冻融循环后钢筋混凝土桥墩的抗震性能进行研究时仍存在以下不足之处：

（1）部分学者以降雨或蒸汽环境下发生冻融损伤的钢筋混凝土构件为研究对象，通过试验方法获得了淡水浸泡环境下混凝土材料在单轴反复压缩过程中的本构关系。然而，近海桥梁的钢筋混凝土桥墩长期处于海水环境中，在对该类构件进行抗震分析时，缺乏与之对应的本构关系。因此，有必要对海水冻融循环作用后混凝土材料在单轴反复压缩过程中的压缩损伤以及本构关系进行试验研究。

(2) 已有研究大多数为在气冻气融试验条件下进行钢筋混凝土构件的冻融循环试验，用于模拟未直接浸泡在溶液中的钢筋混凝土构件所处冻融环境。该试验方案有两点不足：① 气冻气融试验条件与混凝土材料力学性能研究中常用的水冻水融试验条件有本质差别，后者确定的冻融循环后混凝土本构关系直接应用于前者钢筋混凝土构件的数值模拟中并不合理；② 近海桥梁的钢筋混凝土桥墩长期浸泡在海水中并处于饱和状态，在冻融循环试验中采用水冻水融试验条件更为合理。因此，需要根据研究对象合理地选择冻融循环试验方案。

(3) 现有针对钢筋混凝土构件冻融深度的研究，普遍以淡水冻融循环试验为基础。与之不同的是，近海桥梁的钢筋混凝土桥墩处于盐溶液环境，溶液中离子的存在会直接影响混凝土孔隙内部溶液的冻结温度，进而影响钢筋混凝土桥墩的冻融深度。因此，为了确保数值模拟的准确性，有必要对海水冻融循环作用后钢筋混凝土构件的冻融深度进行研究。

1.5 本书研究思路与内容

本书拟采用理论分析、模型试验和数值模拟相结合的方法，对海水冻融循环后钢筋混凝土桥墩的抗震性能进行研究。首先，从材料角度出发，通过单轴反复压缩试验对海水冻融循环后混凝土材料的本构关系进行研究。然后，从构件角度出发，通过低周往复荷载试验对海水冻融循环后钢筋混凝土桥墩的抗震性能进行研究。最后，采用模型试验和数值模拟相结合的方法，确定海水冻融循环后钢筋混凝土桥墩的冻融深度，并结合细观单元等效化方法，提出适合于海水冻融循环后钢筋混凝土桥墩非线性分析的数值模拟方法。

本书的具体内容如下：

第 1 章：从混凝土冻融损伤机理、冻融损伤评价方法、冻融循环后混凝土材料和钢筋混凝土构件力学特性以及影响现场冻融循环因素等方面，对混凝土冻融循环问题进行较为详尽的综述，并提出现有研究中的不足。

第 2 章：通过海水冻融循环后混凝土试件的单轴反复压缩试验，对比分析不同海水冻融循环次数对混凝土单轴反复压缩力学性能的影响，建立冻融循环后混凝土在单轴反复压缩过程中的压缩损伤计算模型，结合曼德模型中骨架曲线的计算公式，给出基于海水冻融循环试验结果的混凝土单轴受压本构关系的计算方法。

第 3 章：针对海水冻融环境，设计出近海桥梁钢筋混凝土桥墩的水冻水融试验方案，并利用海水冻融循环后的钢筋混凝土桥墩节段，制作海水冻融循环后的钢筋混凝土桥墩试验模型。模型的设计参数分别为轴压比、纵筋直径和箍筋间距。通过海水浸泡环境下钢筋混凝土桥墩节段的快速冻融循环试验，对比分析不同海水冻融循环次数时钢筋混凝土桥墩的损伤情况。同时，开展钢筋混凝土桥墩的低周往复荷载试验，并通过对比分析试验现象、滞回特性、骨架曲线、刚度退化和耗能特性，讨论海水冻融循环作用对钢筋混凝土桥墩抗震性能的影响。

第 4 章：基于超声层析成像技术，绘制不同海水冻融循环次数时钢筋混凝土桥墩横截面测区的冻融损伤分布云图，并确定钢筋混凝土桥墩冻融深度与海水冻融循环次数之间的关系。基于混凝土试件的传热试验，结合热力学原理，给出钢筋混凝土桥墩极限冻融深度的数值模拟方法。

第 5 章：根据海水冻融循环后混凝土材料的力学性能试验，确定海水冻融循环后混凝土弹性模量的 Weibull 分布双参数取值。以混凝土海水冻融损伤分布特征为基础，结合桥墩节段冻融深度测试结果，采用分层模拟方式，对海水冻融循环后钢筋混凝土桥墩的低周往复荷载试验进行数值模拟。

第 6 章：总结本书的研究工作成果以及创新点，并对今后混凝土海水冻融循环问题的研究进行展望。

2 海水冻融循环后混凝土本构关系试验研究

2.1 引言

针对冻融损伤后混凝土反复压缩本构关系的研究，是冻融循环作用后钢筋混凝土结构非线性分析的基础。同理，在针对寒冷地区近海桥梁抗震性能的研究中，需要将海水冻融循环后混凝土反复压缩过程中的本构关系作为理论支撑。已查阅的文献中，针对海水冻融循环后混凝土性能的研究主要集中在耐久性能(抗冻性能等)和基本力学性能(抗压强度等)方面，鲜有针对海水冻融循环后混凝土在单轴重复受压过程中损伤演化和本构关系的研究，本书通过混凝土试件的单轴反复压缩试验对上述问题进行研究。

对混凝土试件开展了海水浸泡环境下的快速冻融循环试验和单轴反复压缩试验，获得了不同海水冻融循环次数时混凝土试件在反复压缩试验后的应力-应变关系曲线，对比分析了海水冻融循环次数对混凝土试件耐久性能和基本力学性能的影响。根据试验结果归纳总结出混凝土在单轴反复压缩过程中再加载模量的退化规律，建立了冻融循环后混凝土的压缩损伤计算模型，并结合 Mander 骨架曲线计算公式，给出了基于海水冻融循环试验结果的混凝土单轴受压本构关系计算方法，为寒冷地区近海钢筋混凝土结构的非线性分析提供理论依据。

2.2 快速冻融循环试验

2.2.1 材料与试件

表 2-1 列出了制备混凝土试件所采用的配合比，其中，混凝土的设计强度等级和水胶比分别为 C40 和 0.41。

制作混凝土试件所采用的主要原料包括：

① 水泥为大连水泥厂生产的强度等级为 42.5 的普通硅酸盐水泥；

② 粉煤灰等级为Ⅱ级；

③ 细骨料为混合天然砂和机制砂，其中机制砂粒径为 0.08～0.2 mm；

④ 粗骨料为碎石，碎石粒径为 5～25 mm；

⑤ 采用型号为 PC-SR 的聚羧酸类减水剂，减水率约为 25%。

表 2-1 混凝土配合比 单位：kg/m^3

水泥	砂子	石子	水	粉煤灰	减水剂
373	873	838	180	66	8.8

本书混凝土采用的配合比满足《普通混凝土配合比设计规程》(JGJ 55—2011)的要求，此外做以下说明：

(1) 作为不可再生资源，天然砂随着基础设施建设数量的逐渐增加，其消耗量逐渐增大，对自然环境的影响日益严重，在实际工程中掺入机制砂可以减少天然砂的用量，进而起到改善自然环境和保护不可再生资源的作用。在混凝土的制备过程中掺入机制砂会影响混凝土的和易性，为了满足泵送混凝土的要求，需要提高混凝土配合比所采用的砂率，本书调整砂率为50%。

(2) 对已查阅的文献分析可知：多数学者在对冻融损伤后混凝土以及构件力学性能的试验研究时，混凝土中未掺入引气成分。引气剂的掺入可以一定程度提高混凝土材料的抗冻性能和耐久性能。然而，有较少的学者在制备混凝土过程中掺入引气剂，掺入的情况可以分为三类：① 采用高浓度(3～5 倍海水浓度)盐溶液进行快速冻融循环试验；② 对再生骨料替代混凝土等抗冻性能较差的材料进行试验研究；③ 进行提高混凝土抗冻性能的研究。本书主要对自然海水浸泡环境下普通混凝土冻融损伤后的力学性能进行研究，为方便与淡水环境下的部分试验结果进行对比，本书在配制混凝土的过程中未掺入任何引气成分。

根据《普通混凝土力学性能试验方法标准》(GB/T 50081—2019)，选用尺寸为 150 mm×150 mm×150 mm 的立方体试件对混凝土抗压强度进行测定。混凝土试件制备完成后脱模，在养护箱内进行 28 d 标准养护，养护箱内部温度为(20±2) ℃，相对湿度大于95%，养护结束后测试混凝土试件的立方体抗压强度为 46.9 MPa。快速冻融循环试验以及单轴反复压缩试验采用边长为 100 mm×100 mm×300 mm 的混凝土棱柱体试件。棱柱体试件的养护方法与立方体试件相同，在标准养护 28 d 后，将棱柱体试件浸泡在天然海水中饱水，为快速冻融循环试验做准备。

2.2.2 快速冻融循环试验及现象

本书采用混凝土快速冻融循环试验装置对混凝土试件进行冻融试验，试验装置如图 2-1 所示。装置腹腔有效空间的尺寸为 955 mm×550 mm×600 mm，可以同时放置 28 个尺寸为 115 mm×115 mm×450 mm 的橡胶桶用于盛放混凝土棱柱体试件。混凝土试件的快速冻融循环试验需要参考《普通混凝土长期性能和耐久性能试验方法标准》(GB/T 50082—2009)的要求，具体试验步骤如下：

(1) 本书采用天然海水作为试验过程中的浸泡介质，海水中溶质的主要成分见表 2-2。浸泡溶液的液面应高于试件约 5 cm，浸泡 4 d 后取出混凝土试件，擦干试件表面的溶液并称重。采用 Pundit Lab 混凝土超声波检测仪测量未发生冻融损伤试件内部的超声波传播速度，测试方法如图 2-2 所示。

图 2-1 混凝土快速冻融循环试验装置

表 2-2 海水中溶质的主要成分 单位:g/L

NaCl	$MgCl_2$	$MgSO_4 \cdot 7H_2O$	$CaSO_4 \cdot 2H_2O$	$CaCO_3$
29.5	2.54	0.75	1.92	0.1

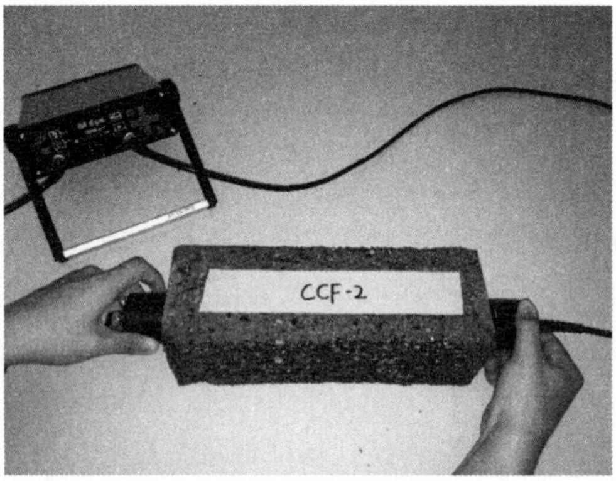

图 2-2 混凝土内部超声波速度测试

(2) 将混凝土棱柱体试件放入橡胶桶内,并在橡胶桶内注入定量的天然海水,浸泡溶液的液面应高于试件顶面 2～3 cm。将橡胶桶整齐排列在快速冻融循环试验机腹腔内(试验机内部有用于定位的不锈钢定位架),并在试验机腹腔内部注入高于试件顶面的防冻液,防冻液液面应高于试件顶面约 5 cm。

(3) 将提前钻孔的测温试件放置在试验机的中间,并把中心测温计插入测温试件直至完全埋没。其余 3 个测温计分别放置在试验机的腹腔内部,并伸入到防冻液的液面以下,监测试验过程中防冻液的温度分布是否均匀。

(4) 设置混凝土快速冻融试验装置的融化和冻结温度分别为 5 ℃和－20 ℃,并开始试验。单次冻融循环时间为 2～4 h,其中,融化时间不少于整体用时的 1/4。混凝土试件从 3 ℃降温至－16 ℃所用时长不得少于冻结时长的 1/2,从－16 ℃到 3 ℃所用时长不得少于整个融化时长的 1/2。

(5) 每进行 25 次冻融循环试验后取出试件，擦干表面溶液后测量试件的饱水质量 W_{Ni} 和内部超声波速度 v_N。将试件烘干，测量其失水后的质量 W'_{Ni}，测试结束后的试件备用。混凝土试件受冻融循环作用后的质量损失率可以用式(1-1)和式(1-2)计算，混凝土试件受冻融循环作用后的饱水率可以按式(2-1)、式(2-2)计算。

$$\Delta\omega_{Ni}=\frac{W_{Ni}-W'_{Ni}}{W_{Ni}}\times 100\% \tag{2-1}$$

$$\Delta\omega_{N}=\frac{1}{3}\sum_{i=1}^{3}\Delta\omega_{Ni} \tag{2-2}$$

式中　$\Delta\omega_{Ni}$——第 i 个混凝土试件在 N 次冻融循环作用后的饱水率；

W'_{Ni}——第 i 个混凝土试件在 N 次冻融循环作用后的质量(烘干)；

$\Delta\omega_{N}$——在 N 次冻融循环作用后混凝土试件的平均饱水率。

由于动弹性模量检测仪的测试结果对测试环境和试验人员较为敏感，因此本书采用混凝土超声波测试结果来计算动弹性模量，按式(2-3)、式(2-4)计算冻融循环作用后混凝土试件的相对动弹性模量。

$$E_{dN}=\frac{v_N^2\rho(1+\nu)(1-2\nu)}{(1-\nu)} \tag{2-3}$$

$$P_N=\frac{E_{dN}}{E_{d0}}\times 100\% \tag{2-4}$$

式中　v_N——混凝土试件受 N 次冻融循环作用后内部超声波速度；

ρ——混凝土的密度；

ν——混凝土的泊松比；

E_{d0}——混凝土试件未冻融的动弹性模量；

E_{dN}——混凝土试件 N 次冻融循环作用后的动弹性模量；

P_N——混凝土试件在 N 次冻融循环作用后的相对动弹性模量。

2.2.3　试验结果分析

在天然海水浸泡环境下分别对混凝土棱柱体试件进行了 25 次、50 次、75 次、100 次和 125 次冻融循环试验，试验前后试件表面状态对比如图 2-3 所示。其中，字母 CCF 表示受压混凝土冻融(compressive concrete freeze-thaw)的缩写，数字表示试件放入试验机的先后顺序。观察不同海水冻融循环次数时试件表面的状态可知：当混凝土试件经过 25 次冻融循环作用后，其表面只有轻微的水泥砂浆剥落。当冻融循环次数达到 50 次时，混凝土试件表面水泥砂浆的剥落面积增大，且有粗骨料暴露在试件的表面，如图 2-3(b)所示。

混凝土试件表面水泥砂浆的剥落面积随着海水冻融循环次数的增加而逐渐增大，混凝土试件表面水泥砂浆在冻融循环次数达到 100 次后基本完全剥落，并伴有单颗石子掉落的现象发生，说明冻融损伤发生在粗骨料和水泥砂浆的交界处，如图 2-3(d)所示。当冻融循环次数达到 125 次时，试件的边角出现了局部膨胀现象，如图 2-3(e)所示。海水冻融循环作用后混凝土试件的质量损失率、饱水率、内部超声波速度以及相对动弹性模量列于表 2-3 。

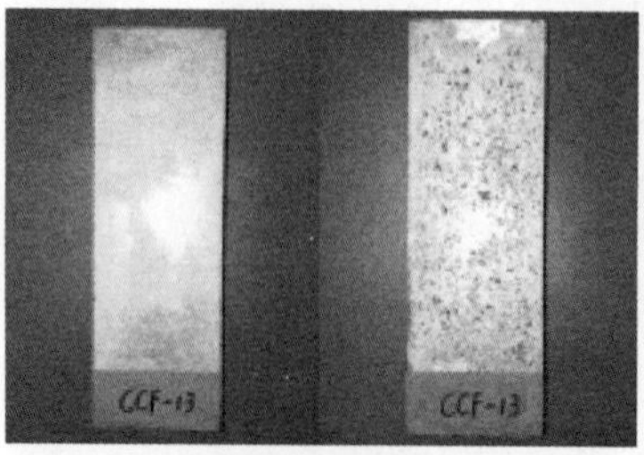

(a) 冻融循环 25 次前后对比

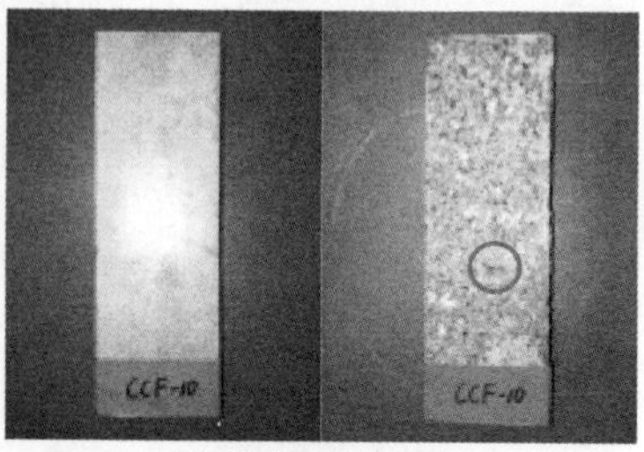

(b) 冻融循环 50 次前后对比

(c) 冻融循环 75 次前后对比

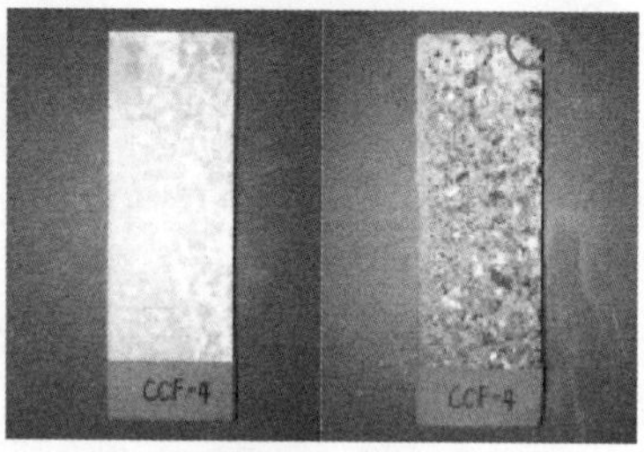

(d) 冻融循环 100 次前后对比

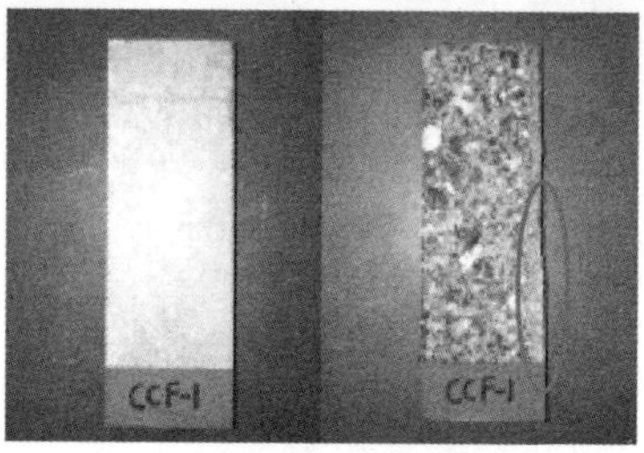

(e) 冻融循环 125 次前后对比

图 2-3　海水冻融循环试验现象

表 2-3　海水冻融循环试验结果

N	Δw_N/%	$\Delta\omega_N$/%	v_N/(m/s)	P_N/%
0	0	1.29	5183	100.0
25	2.34	2.72	5053	95.0
50	3.55	3.40	4702	82.3
75	3.74	3.12	4166	64.6
100	4.49	3.47	3538	46.6
125	5.70	3.71	3094	35.6

质量损失率可用于表征混凝土试件在遭受冻融循环作用后表面水泥砂浆的剥落情况，见表 2-3，试件的质量损失随着海水冻融循环次数的增加而逐渐增加。试件的质量损失在冻融循环次数为 50 次后开始加快，说明试件表面水泥砂浆的剥落在冻融循环 50 次后逐渐严重，这与图 2-3 观测到的现象基本一致。质量损失率在冻融循环次数为 125 次时已达到 5.7%，按照规范要求停止试验。

盐冻环境下混凝土试件的内部会发生冻融损伤，进而其吸水能力增强，通过饱水率的改变可以评估混凝土试件内部的冻融损伤。如表 2-3 所示，随着海水冻融循环次数的增加，试件的饱水率总体呈现增大趋势。然而，当冻融循环次数在 50 次到 75 次之间时，试件的饱水率出现短暂下降。这种现象可以验证以下解释：① 当冻融循环次数达到 50 次时，混凝土试件表层水泥砂浆开始出现剥落，盐溶液因无法储存在试件表面的孔隙或裂缝中，使得试件的饱水率短暂降低；② 表层水泥砂浆的剥落使得混凝土试件失去了保护，其内部的冻融损伤随着冻融循环次数的增加而逐渐增加，微裂缝逐渐延伸并连通导致可容纳盐溶液的空间增大，试件吸水能力增强，使得试件的饱水率逐渐提高。混凝土试件的饱水率在海水冻融循环次数达到 125 次时提高到 3.7%。

提取表 2-3 中的试验数据，建立混凝土内部超声波传播速度和海水冻融循环次数之间的关系，如图 2-4 所示。当冻融循环次数少于 50 次时，混凝土试件内部超声波的传播速度缓慢降低，说明此时混凝土试件内部的损伤累积速度较慢，试件主要以表面水泥砂浆剥落为主，如图 2-3(a)和图 2-3(b)所示。当冻融循环次数超过 50 次时，混凝土试件内部超声波的传播速度迅速降低，表明混凝土试件的损伤由表面水泥砂浆的剥落转变到内部微裂缝的产生和发展上，混凝土内部孔隙结构变得疏松，进而影响超声波在混凝土内的传播速度。当海水冻融循环次数达到 125 次时，混凝土试件内部超声波的传播速度降低了 40.3%。因此，通过混凝土试件内部超声波的传播速度可以确定对应的海水冻融循环次数。对试验数据进行回归分析，确定二者之间的关系如式(2-5)所示。

$$N = -2 \times 10^{-8} v_N^2 + 3 \times 10^{-5} v_N^2 - 1.12 v_N + 1\,644 \tag{2-5}$$

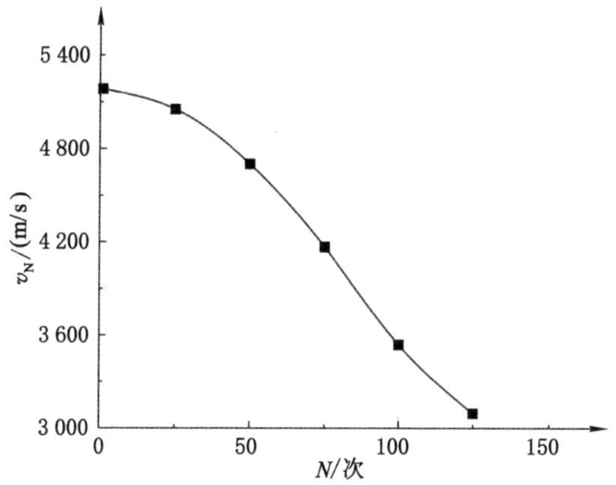

图 2-4　超声波速度与冻融循环次数之间的关系曲线

《普通混凝土长期性能和耐久性能试验方法标准》(GB/T 50082—2009)采用相对动弹性模量作为指标，对混凝土试件的冻融损伤程度进行评价。如表 2-3 所示，混凝土试件的相对动弹性模量随着海水冻融循环次数的增加而逐渐降低，当海水冻融循环次数达到 125 次时，相对动弹性模量降低至 35.6%。按照规范要求，当相对动弹性模量降低至 60%时，应该停止试验。本书主要对海水冻融循环后混凝土材料的力学性能进行研究，因此在质量损失和相对动弹性模量下降的同时满足规范要求后停止试验。

2.3 单轴反复压缩试验

2.3.1 试验装置和加载过程

混凝土试件的快速冻融循环试验以及相应的测试结束后，对混凝土试件进行单轴反复压缩试验。单轴反复压缩试验采用微机控制电液伺服万能试验机，试验机的型号为MTS/E64.206，加载设备如图 2-5 所示。加载设备有两个试验空间，上层空间用于钢筋等金属材料的受拉试验，下层空间用于混凝土试件的受压试验。万能试验机的极限荷载为2 000 kN，远大于本书采用混凝土试件的峰值荷载(预测不超过 500 kN)，满足试验的要求。本书采用万能试验机内置的力传感器和位移传感器来采集混凝土试件在反复压缩过程中的应力和位移。

图 2-5　电液伺服万能试验机的加载设备

以海水冻融循环次数为指标进行分组，每组共 6 个混凝土试件，其中 3 个试件用于轴心抗压强度试验，并计算 3 个混凝土试件的平均轴心抗压强度，其余 3 个试件用于单轴反复压缩试验。在海水冻融循环试验后混凝土试件的顶底面已经出现了水泥砂浆的剥落现象，冻融循环次数较多的试件甚至有单颗石子脱落，因此，对于顶底面水泥砂浆剥落严重的混凝土试件，需要通过水泥砂浆进行找平，然后进行轴心抗压试验和单轴反复压缩试验。

本次试验研究为了获得完整的应力-应变关系曲线，采用位移控制的加卸载机制进行试验。万能试验机受压空间各组成部分示意图如图 2-6 所示，试验装置通过控制下支座板的升降来实现混凝土试件的单轴反复压缩试验。在正式的反复压缩试验前，采用预加载试验对混凝土试件受力面的位置进行调整，通过调整下支座板下部的球形铰支座，使得混凝土试件的顶面与上支座板充分接触,预加载过程中作动器的加载速率为 0.5 mm/min。预加载结束后进行混凝土试件的单轴反复压缩试验,以 0.1 mm/min 的加载速率进行等间隔加载,当达到预定位移后,再以相同速率进行卸载,直至荷载为 0,然后继续以新的预定位移为目标等间隔加卸载。混凝土试件以预定的位移为目标进行反复压缩试验时,主要分成加载和卸载两个阶段,历次加载阶段的荷载存在最大值。混凝土试件在单轴反复压缩试验中达到峰值荷载后,单次加载阶段的最大荷载逐渐减小。当单次加载阶段的最大荷载降低至峰值荷载的 20%或混凝土试件被压溃时,试验结束。

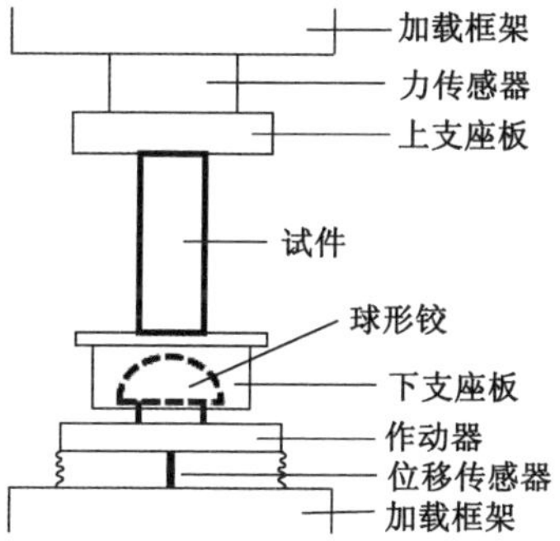

图 2-6 受压空间各组成部分示意图

2.3.2 试验结果分析

海水冻融循环后混凝土试件的单轴反复压缩试验结束时,每组均可以获得 3 个试件的应力-应变关系曲线,选取 3 个试件中峰值应力与轴心抗压强度最接近的曲线作为该组试件的试验结果,即该试件在单轴反复压缩试验过程中获得的应力-应变关系曲线可以代表相应海水冻融循环次数时混凝土试件的应力-应变关系曲线。不同海水冻融循环次数时混凝土试件在单轴反复压缩试验过程中获得的应力-应变关系曲线如图 2-7 所示。

经过不同海水冻融循环次数时的混凝土试件,在单轴反复压缩试验过程中的开裂现象和试验后获得曲线的形状大致相同。海水冻融循环后混凝土试件的开裂过程如图 2-8 所

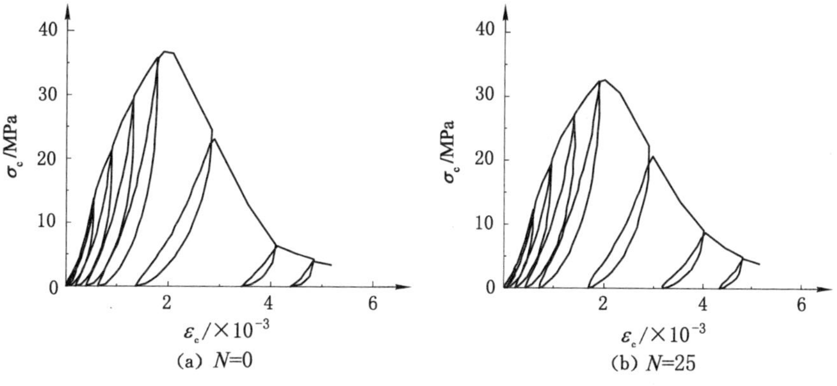

图 2-7 单轴反复压缩试验结果

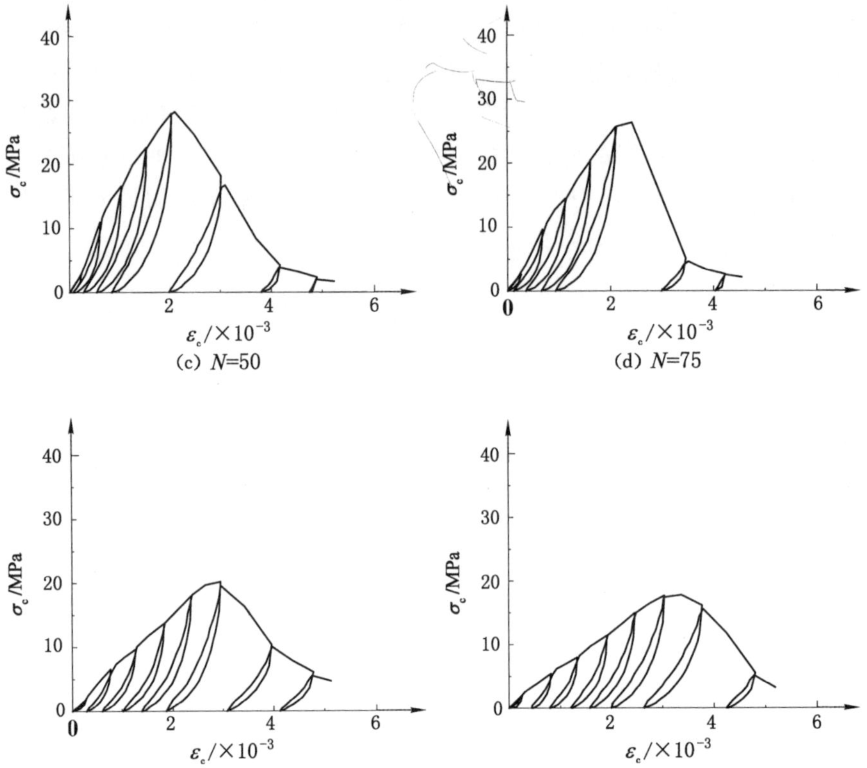

(c) N=50　(d) N=75　(e) N=100　(f) N=125

图 2-7(续)

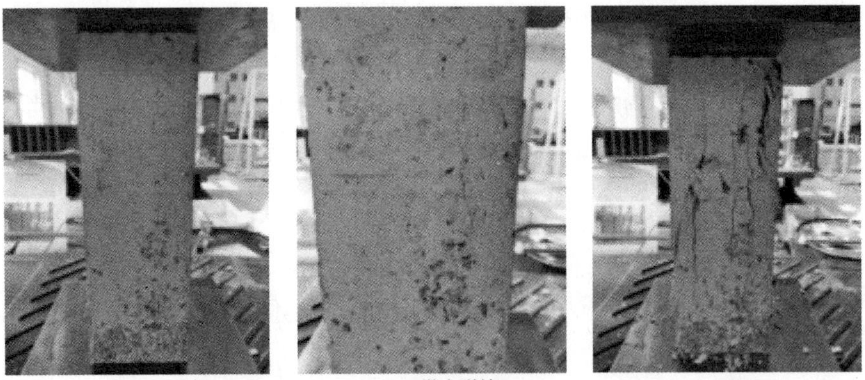

(a) 无明显现象　(b) 微小裂缝　(c) 压溃

图 2-8　受压试验过程中混凝土试件的开裂过程

示，海水冻融循环后混凝土试件的应力-应变关系曲线如图 2-9 所示。结合开裂现象和曲线走势，将应力-应变关系曲线分成以下几个阶段：

(1) OA 段——混凝土试件表面无明显变化，如图 2-8(a)所示。此时混凝土试件应处于弹性状态，其变形主要为弹性变形，定义 A 点处卸载点与对应再加载点之间连线的斜率为

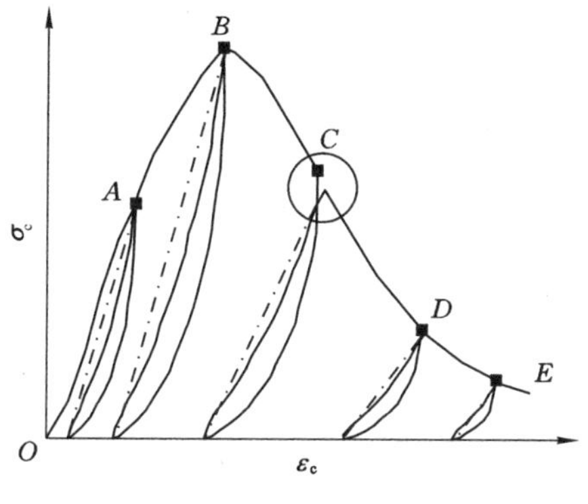

图 2-9 海水冻融循环后混凝土的应力-应变关系曲线

初始模量 E_0。随着海水冻融循环次数的增加，OA 段的长度逐渐缩短，初始模量逐渐降低。

(2) AB 段——卸载到荷载为 0 处时出现残余应变，而且随着继续加载，残余应变逐渐增大，表明在 AB 阶段由弹性变形逐渐向塑性变形转变。定义峰值点 B 处卸载点与对应再加载点之间连线的斜率为峰值模量 E_m，此时应力为峰值应力 σ_{cc}，应变为峰值应变 ε_{cc}。由于冻融循环作用会引起混凝土试件的“压实”作用，因此在 B 点前的模量逐渐增大。峰值点 B 处的峰值应力和峰值模量随着海水冻融循环次数的增加而降低，峰值应变增加。

(3) BC 段——当加载应变超过峰值点 B 处的应变后，混凝土试件的表面会出现细小的裂缝，如图 2-8(b)所示。定义卸载点和再加载点之间连线的斜率为再加载模量 E_{re}，在 BC 阶段随着应变的增加，再加载模量逐渐减小，此时，再加载路径的终点无法与卸载点重合，如图 2-9 中 C 点所示。再加载路径的终点和卸载点之间的间隙随着海水冻融循环次数的增加而逐渐消失，如图 2-7(e)和图 2-7(f)所示。

(4) CD 段——混凝土试件出现多条细裂缝，当细裂缝逐渐延伸并连接形成斜破坏面时，试件达到极限点 D，此时的应力为极限应力(峰值应力 20%)，所对应的应变为极限应变。定义极限点 D 处的卸载点与对应再加载点之间连线的斜率为极限模量 E_u。

(5) DE 段——再加载路径的斜率不再有明显的降低，包络曲线在 D 点之后趋于平缓直至试件被压溃，如图 2-8(c)所示，停止试验。海水冻融循环次数相对较多的试件，其破坏面会有石子松动甚至脱落，而经历冻融循环次数较少的试件的破坏面则相对完整，表明冻融损伤发生在粗骨料和水泥砂浆的交界面处。

不同海水冻融循环作用后混凝土试件在单轴反复压缩试验过程中主要力学参数的结果见表 2-4，其中，σ_{cc} 为混凝土试件在单轴反复压缩过程中的峰值应力，ε_{cc} 为混凝土试件在单轴反复压缩过程中的峰值应变，E_0 为混凝土试件在单轴反复压缩过程中的初始模量，E_m 为混凝土试件在单轴反复压缩过程中的峰值模量，E_u 为混凝土试件在单轴反复压缩过程中的极限模量。由试验结果可知：相较于未冻融混凝土试件，当海水冻融循环次数达到 125 次时，混凝土试件在单轴反复压缩试验过程中的峰值应力降低了 52.2%，峰值应变增加了 78.9%，初始模量下降了 59%，峰值模量下降了 49%。不同冻融循环次数时极限模量的差异性较小，最大偏差值不超过 5%。

表 2-4 反复压缩试验各力学参数

N	σ_{cc}/MPa	ε_{cc}	E_0/GPa	E_m/GPa	E_u/GPa
0	36.8	0.001 9	32.0	31.2	10.0
25	32.4	0.002 0	26.7	27.9	10.4
50	27.9	0.002 1	22.3	25.3	10.3
75	26.3	0.002 4	17.4	21.7	—
100	20.2	0.003 0	14.3	18.5	9.5
125	17.8	0.003 4	13.2	15.8	9.9

除未冻融混凝土试件以外，不同海水冻融循环次数后的混凝土试件在单轴反复压缩试验过程中的初始模量均小于峰值模量，这可以归因于“压实”效应。在海水浸泡环境下混凝土试件的快速冻融循环试验中，由于溶液中 NaCl 等溶质的存在，使得混凝土内部孔隙结晶压力和渗透压力的合力增大，混凝土试件在海水冻融循环作用后，其内部变得疏松，加载过程中的“压实”效应使得试件的模量提高。初始模量和峰值模量的差值随着海水冻融循环次数的增加呈现非线性变化，在海水冻融 75 次和 100 次之间差值达到最大。峰值模量和极限模量的差值随着海水冻融循环次数的增加而逐渐降低。

快速冻融循环试验的浸泡环境会影响混凝土试件的基本力学性能，本书通过与段安的试验结果进行对比，简要讨论了浸泡环境对冻融损伤后混凝土试件在单轴受压试验过程中的峰值应力和峰值应变的影响。段安对强度等级为 C40 的混凝土试件进行了淡水浸泡下的快速冻融循环试验和单轴受压试验，所用混凝土试件的立方体抗压强度为 46.8 MPa，与本书采用混凝土试件的立方体抗压强度(46.9 MPa)相近。提取段安的峰值应力和峰值应变并进行归一化处理，获得了不同淡水冻融循环次数与相对峰值应力和相对峰值应变的关系，并与本书试验获得的海水冻融循环次数与相对峰值应力和相对峰值应变的关系进行对比，如图 2-10 所示。通过对比可知：浸泡环境对混凝土试件在单轴压缩过程中的峰值应力和峰值应变影响较大，与段安的淡水浸泡环境试验结果相比，本书在海水浸泡环境下遭受冻融循环作用后的混凝土试件，其峰值应力的下降速度更快。随着海水冻融循环次数的增加，相对峰值应力呈线性下降的趋势，相对峰值应变呈指数增加的趋势，这与段安的试验结论一

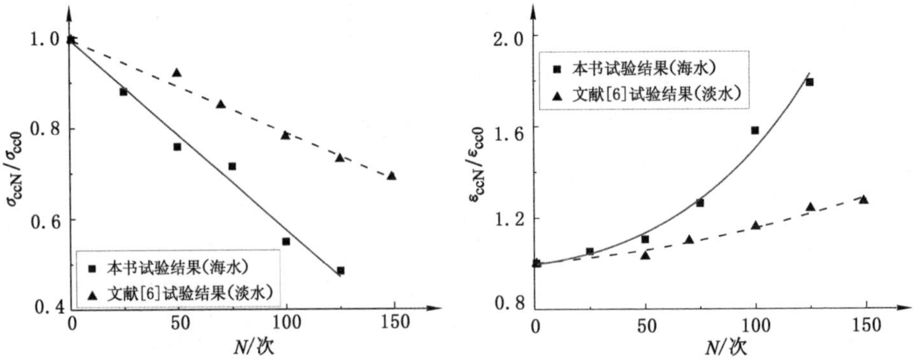

(a) 不同浸泡环境下相对峰值应力对比

(b) 不同浸泡环境下相对峰值应变对比

图 2-10 不同浸泡环境下的试验结果对比

致，说明冻融损伤的规律基本相同，而海水浸泡环境会加快混凝土试件的劣化速度。

对图 2-10 中本书的试验结果进行回归分析，得到海水冻融循环次数与单轴反复压缩过程中相对峰值应力和相对峰值应变之间的关系，如式(2-6)和式(2-7)所示。

$$\frac{\sigma_{ccN}}{\sigma_{cc0}} = 1 - 0.0043N \tag{2-6}$$

$$\frac{\varepsilon_{ccN}}{\varepsilon_{cc0}} = \exp(3N^2 + 0.001N - 0.0045) \tag{2-7}$$

式中　σ_{cc0}——未冻融的混凝土试件的峰值应力；

σ_{ccN}——N 次海水冻融循环后的混凝土试件的峰值应力；

ε_{cc0}——未冻融的混凝土试件的峰值应变；

ε_{ccN}——N 次海水冻融循环后的混凝土试件的峰值应变。

2.4　海水冻融循环后混凝土的本构关系

2.4.1　混凝土压缩损伤

针对混凝土在受压过程中压缩损伤演化规律的研究，是混凝土材料本构关系研究中的重点。准确描述混凝土材料在受压过程中的压缩损伤，可以更好地分析钢筋混凝土结构的非线性问题。混凝土材料在受压过程中，其内部结构在荷载作用下会产生微裂缝并逐渐连通，导致混凝土的实际承压面积减小。卡查诺夫等以此现象为基础，提出将混凝土材料内部的微小裂缝作为压缩损伤的主要因素，并定义连续变量 Ψ 的计算公式如式(2-8)。

$$\Psi = \frac{\tilde{A}}{A} \tag{2-8}$$

式中　$\tilde{A}$——混凝土材料实际承压面积，即混凝土材料内部未损伤面积；

A——混凝土材料名义面积，即总面积。

混凝土材料在受压过程中，由于微小裂缝的逐渐展开，其未损伤面积逐渐减小。在式(2-8)的基础上，拉伯特诺夫等定义混凝土材料在受压过程中的压缩损伤 D_c。

$$D_c = 1 - \Psi = 1 - \frac{\tilde{A}}{A} \tag{2-9}$$

式中　D_c——混凝土材料在受压过程中的压缩损伤，当 $D_c=0$ 时，混凝土材料没有产生压缩损伤，当 $D_c=1$ 时，混凝土材料受压完全损伤。

虽然在实际结构中，混凝土材料内部裂缝的展开不尽相同，对实际结构的影响存在差异性，但由于模型的物理意义通俗直观，且数学公式简单，拉伯特诺夫等基于损伤面积提出的混凝土压缩损伤计算模型成为后期研究的重要理论依据。理论上讲，在混凝土材料受压过程中可以通过观测内部微小裂缝的展开情况来计算未损伤面积，而在实际应用中，受压过程中混凝土材料微小裂缝的展开情况较难观测。勒梅特等基于受压过程中混凝土材料应变等效性的假设，采用再加载模量的退化间接描述混凝土在受压过程中的压缩损伤，混凝土材料压缩损伤的计算公式见式(2-10)。

$$D_c = \frac{E_c - E_{re}}{E_c} \tag{2-10}$$

式中 E_c——混凝土材料在受压过程中的弹性模量；

E_{re}——混凝土材料在受压过程中的再加载模量。

在勒梅特等混凝土压缩损伤研究的基础上，卢布利纳等考虑了混凝土材料弹塑性模量的退化效应，建立了混凝土损伤塑性(concrete damage plasticity，简称CDP)模型，该模型采用各向同性的弹性损伤以及受压塑性来替代混凝土材料的非弹性行为，模型的具体形式如图2-11所示。图2-11中，ε_c^{el}和ε_{c0}^{el}分别为考虑损伤和无损伤状态的弹性应变，ε_c^{pl}为混凝土受压过程中的塑性应变，ε_c^{in}为混凝土受压过程中的非弹性应变。

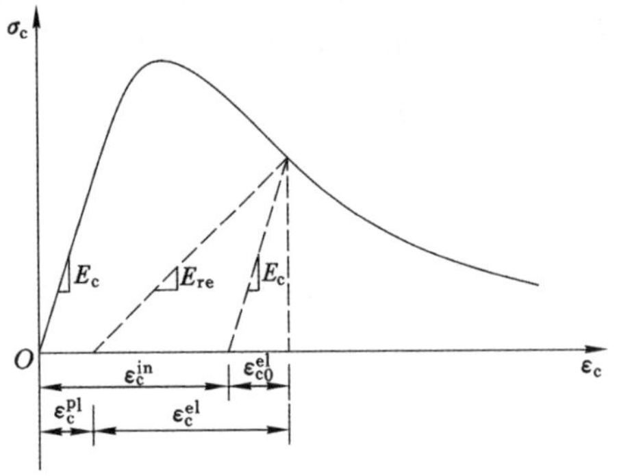

图2-11 混凝土损伤塑性模型的示意图

在以CDP模型为基础的钢筋混凝土结构非线性分析中，混凝土材料受压本构关系的研究重点集中在受压过程中压缩损伤的确定上。已有研究表明：可以通过对混凝土棱柱体试件进行反复压缩试验，确定混凝土材料在受压过程中压缩损伤的计算方法，这也是本书采用的方法。在海水冻融循环后混凝土试件单轴反复压缩试验研究的基础上，可以确定混凝土材料再加载模量的退化规律，进而确定单轴受压过程中压缩损伤的计算方法，并辅以混凝土材料单轴受压骨架曲线的计算方法，即可获得海水冻融循环后混凝土材料的本构关系，为近海钢筋混凝土结构的非线性分析提供依据。

2.4.2 冻融循环后混凝土压缩损伤计算模型

在海水冻融循环后混凝土试件单轴反复压缩试验研究的基础上提取试验数据，绘制不同海水冻融循环作用后混凝土试件在单轴反复压缩过程中再加载模量与应变之间的关系，如图2-12所示。根据再加载模量的变化趋势，受压过程可以清晰分成压实阶段和损伤阶段，用虚线将图2-12分成两个区域分别进行分析。

(1) 在加载过程中，当加载应变小于或等于试件的峰值应变时，混凝土试件处于压实阶段，海水冻融损伤对混凝土内部孔隙结构造成破坏，使其变得疏松，进而产生"压实"效应，即海水冻融循环后混凝土试件在单轴反复压缩过程中的再加载模量随应变的增加逐渐增大。试件峰值点处再加载模量更接近海水冻融循环后混凝土试件的实际弹性模量。随着海水冻融循环次数的增加，试件峰值点处的再加载模量逐渐降低，峰值应变逐渐增大。

(2) 当加载应变超过峰值应变后，混凝土试件进入损伤阶段，其具体的表现形式是随着加载位移的增大，海水冻融循环后混凝土试件的再加载模量显著降低，不同海水冻融循环次数时极限点的再加载模量差异相对较小。在损伤阶段，不同海水冻融循环次数时混凝土试

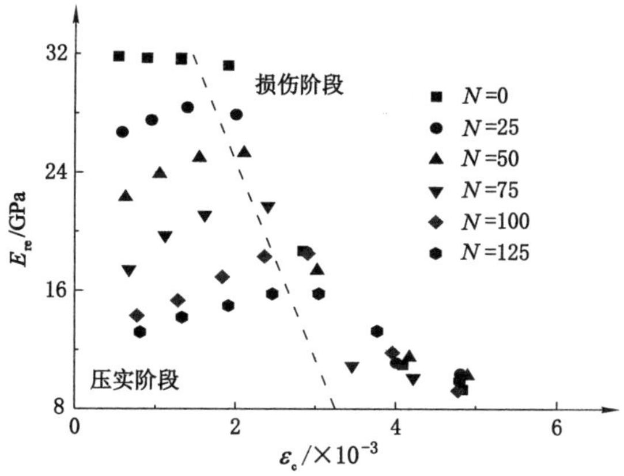

图 2-12 再加载模量与应变之间的关系

件再加载模量的退化趋势相近。

绘制不同海水冻融循环次数时混凝土试件在单轴反复压缩试验中，峰值点后再加载模量和应变之间的关系如图 2-13 所示。在刘凯华的研究中，对峰值点后的试验数据进行归一化处理和数据拟合，采用拟合后的曲线对不同冻融循环次数时混凝土试件再加载模量的退化规律进行描述，消除了冻融循环次数对再加载模量退化规律的影响。本书提出采用未冻融混凝土试件再加载模量的退化曲线（图 2-13 中虚线），描述不同冻融循环次数时混凝土试件再加载模量的退化趋势，其优势主要有两点：① 消除了冻融循环次数对再加载模量退化规律的影响；② 通过再加载模量的退化规律，将混凝土试件的冻融损伤与压缩损伤联系起来，使得本书结论更具有一般性。

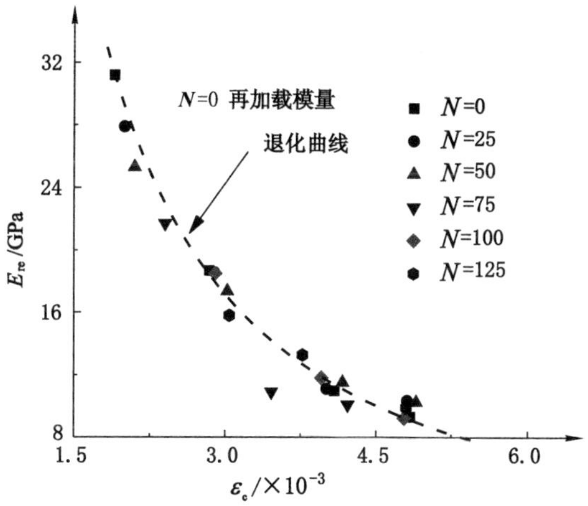

图 2-13 峰值点后再加载模量与应变之间的关系曲线（海水）

提取混凝土试件在单轴反复压缩试验中的试验数据，绘制不同海水冻融循环次数时混凝土试件在单轴反复压缩试验中再加载模量与应变之间的关系，并与式(2-11)描述的曲线进行对比，如图 2-14 所示。采用未冻融混凝土试件再加载模量的退化曲线，可以描述不同海水冻融循环次数时混凝土试件再加载模量的退化趋势。

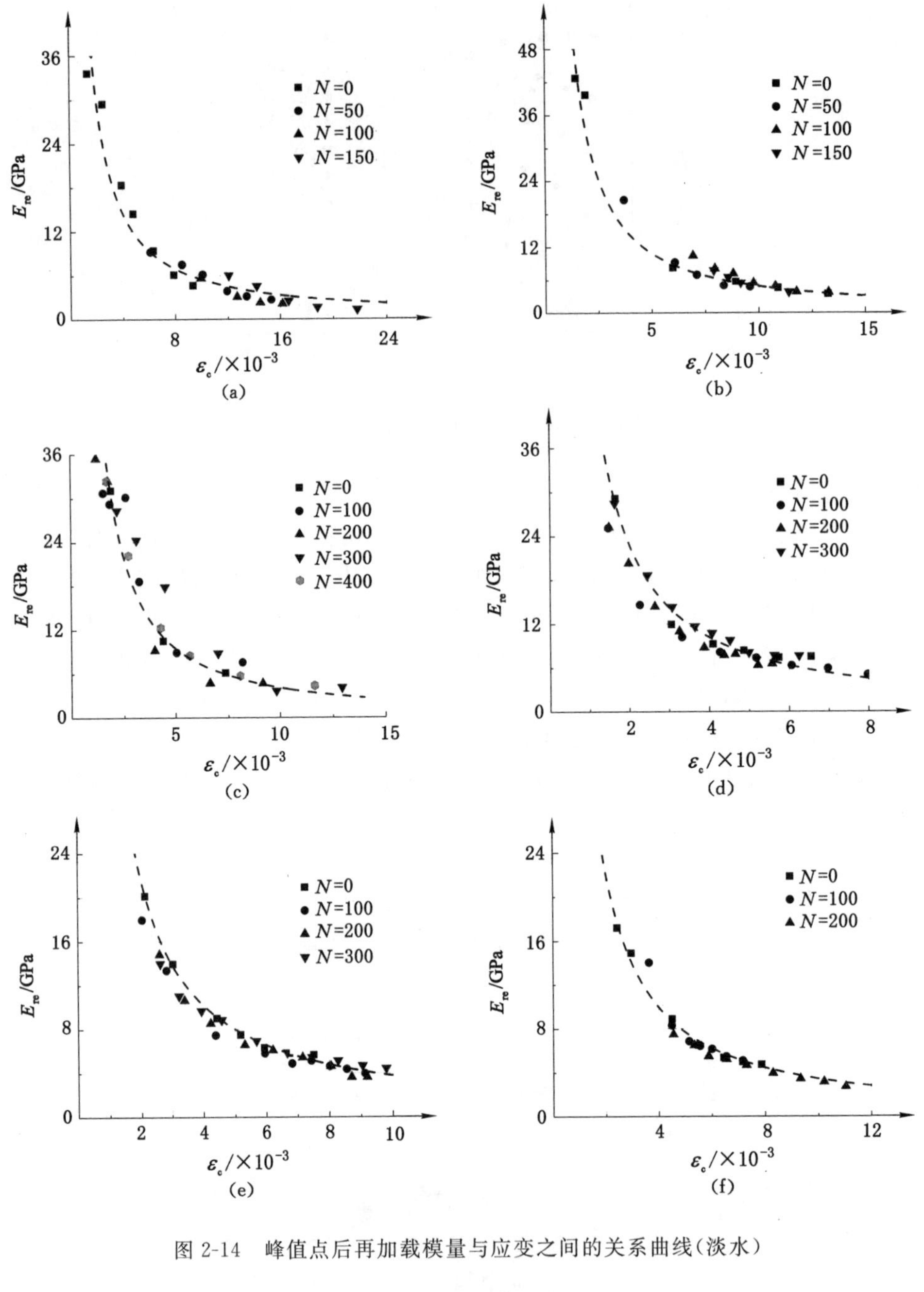

图 2-14　峰值点后再加载模量与应变之间的关系曲线(淡水)

本书根据海水冻融循环后混凝土试件的单轴反复压缩试验，提出采用未冻融混凝土试件再加载模量的退化曲线以描绘不同海水冻融循环作用后混凝土试件再加载模量的退化规律，此规律是否符合不同试验环境、不同强度等级和不同掺合料混凝土，需要进行深入的分析和讨论。

在一些学者的试验研究中，通过对冻融循环后混凝土试件进行单轴反复压缩试验，研究了淡水冻融循环后不同强度等级和不同掺合料混凝土在单轴反复压缩过程中的力学特性。刘娜的试验对象分别是强度等级为 C40、C50 的普通混凝土和引气混凝土，齐振麟的试验对象分别是强度等级为 C30 的天然骨料、50%替代再生骨料和 100%替代再生骨料混凝土。提取一些相关学者的混凝土试件单轴反复压缩试验后的数据，绘制不同强度等级和不同掺合料混凝土试件峰值点后再加载模量和应变之间的关系，如图 2-14 所示，并与试验中未冻融混凝土试件再加载模量的退化曲线（图 2-14 中虚线）进行对比。

观察图 2-14 可知：① 随着加载位移的增大，不同淡水冻融循环次数时各组混凝土试件的再加载模量显著降低；② 随着淡水冻融循环次数的增加，各组混凝土试件在峰值点处的再加载模量逐渐降低，峰值位移逐渐增大；③ 在各组试验中，采用未冻融混凝土试件再加载模量的退化曲线描述不同冻融循环次数时混凝土试件再加载模量的退化规律，进而佐证了本书的结论具有一般性。

在上述淡水和海水试验研究的基础上，本书提出了冻融循环后混凝土在单轴受压过程中压缩损伤的计算模型，如图 2-15 所示。模型描绘了冻融循环后混凝土在单轴受压过程中压缩损伤与应变之间的关系，如图 2-15(a)所示，以及峰值点后再加载模量与应变之间的关系，如图 2-15(b)所示。模型的具体阐述如下：

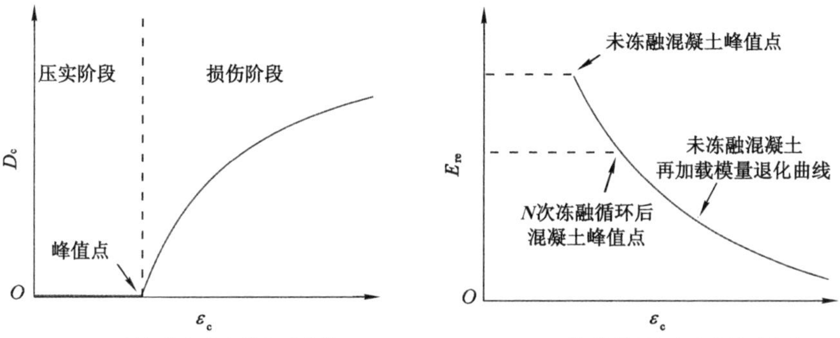

(a) 压缩损伤与应变的关系曲线　　(b) 再加载模量与应变的关系曲线

图 2-15　压缩损伤计算模型

(1) 如图 2-15(a)所示，以峰值点作为参考点，将混凝土试件的单轴受压过程分成两个阶段：① 当加载位移不超过峰值位移时，混凝土试件处于压实阶段，随着加载应变的逐渐增大，冻融循环后混凝土的再加载模量逐渐增大，在此阶段无压缩损伤的累积；② 当加载位移超过峰值位移后，混凝土处于损伤阶段，随着加载应变的逐渐增大，混凝土的压缩损伤逐渐累积并增大。

(2) 如图 2-15(b)所示，在压实阶段混凝土试件无压缩损伤产生，定义峰值点处的再加载模量为冻融循环后混凝土的弹性模量。当加载位移超过峰值位移后，混凝土处于损伤阶段，即再加载模量逐渐降低，采用未冻融混凝土再加载模量的退化曲线来描述不同冻融循环次数时混凝土试件再加载模量的退化规律。提取文献和本书试验中未冻融循环混凝土试件的试验结果，建立未冻融循环混凝土在峰值点后再加载模量与应变之间的关系，如图 2-16 所示。其中，文献试验中强度等级为 C40 和 C50 混凝土采用的水灰比为 0.42 和 0.34，本书试验中混凝土采用的水灰比为 0.48。

通过对图 2-16 中试验数据进行回归分析，可以确定未冻融循环混凝土试件在单轴反复压缩过程中应变和再加载模量之间的计算公式。

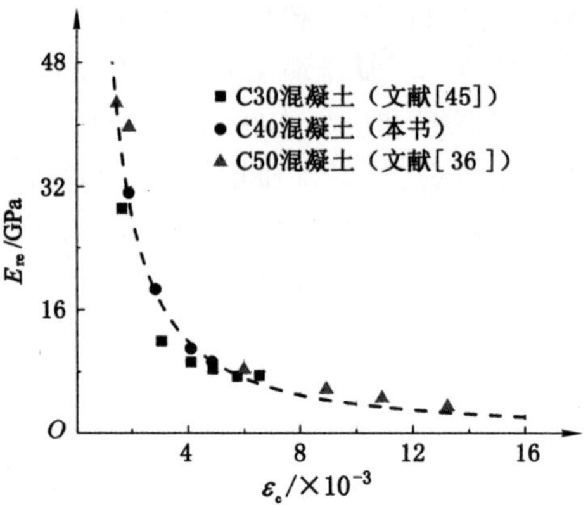

图 2-16　未冻融混凝土峰值点后再加载模量与应变的关系曲线

$$E_{re} = 0.0256\varepsilon_c^{-1.117} \tag{2-11}$$

将不同冻融循环次数时混凝土在单轴受压过程中的应变 ε_c 代入式(2-11)，即可确定相应的再加载模量 E_{re}，当应变 ε_c 等于峰值应变 ε_{cc} 时，再加载模量 E_{re} 等于弹性模量 E_c。最后，结合式(2-10)可以确定不同冻融循环次数时混凝土在单轴压缩过程中的压缩损伤。

在无法通过试验来确定混凝土单轴受压过程中的压缩损伤时，通常采用能量耗散方法计算混凝土单轴受压过程中的压缩损伤，其理论基础如图 2-17 所示，其计算公式为(2-12)。

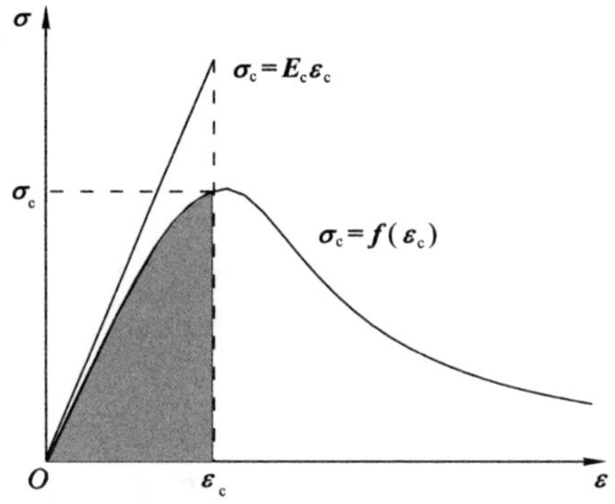

图 2-17　能量耗散理论

$$D_c = \frac{W_0 - W_\varepsilon}{W_0} \tag{2-12}$$

式中　W_0——混凝土试件在无损伤状态下的应变能；

W_ε——混凝土试件在有损伤状态下的应变能。

如图 2-17 所示，无损伤状态下的应变能可以通过计算直线 $\sigma_c = E_c\varepsilon_c$ 与水平轴围成的三角形面积获得，即 $W_0 = E_c\varepsilon_c^2/2$。损伤状态下的应变能可以通过计算阴影部分的面积获得，一些学者推荐采用高斯积分的方法进行计算。因此，本书采用高斯积分的方法计算损伤状态下的应变能。

基于本书试验获得的不同海水冻融循环次数时混凝土试件的骨架曲线，并结合式(2-12)可以计算混凝土试件在单轴压缩过程中的压缩损伤。根据式(2-10)可以确定不同应变点的再加载模量，与本书模型计算的再加载模量以及式(2-11)描绘的曲线进行对比，如图 2-18 所示。

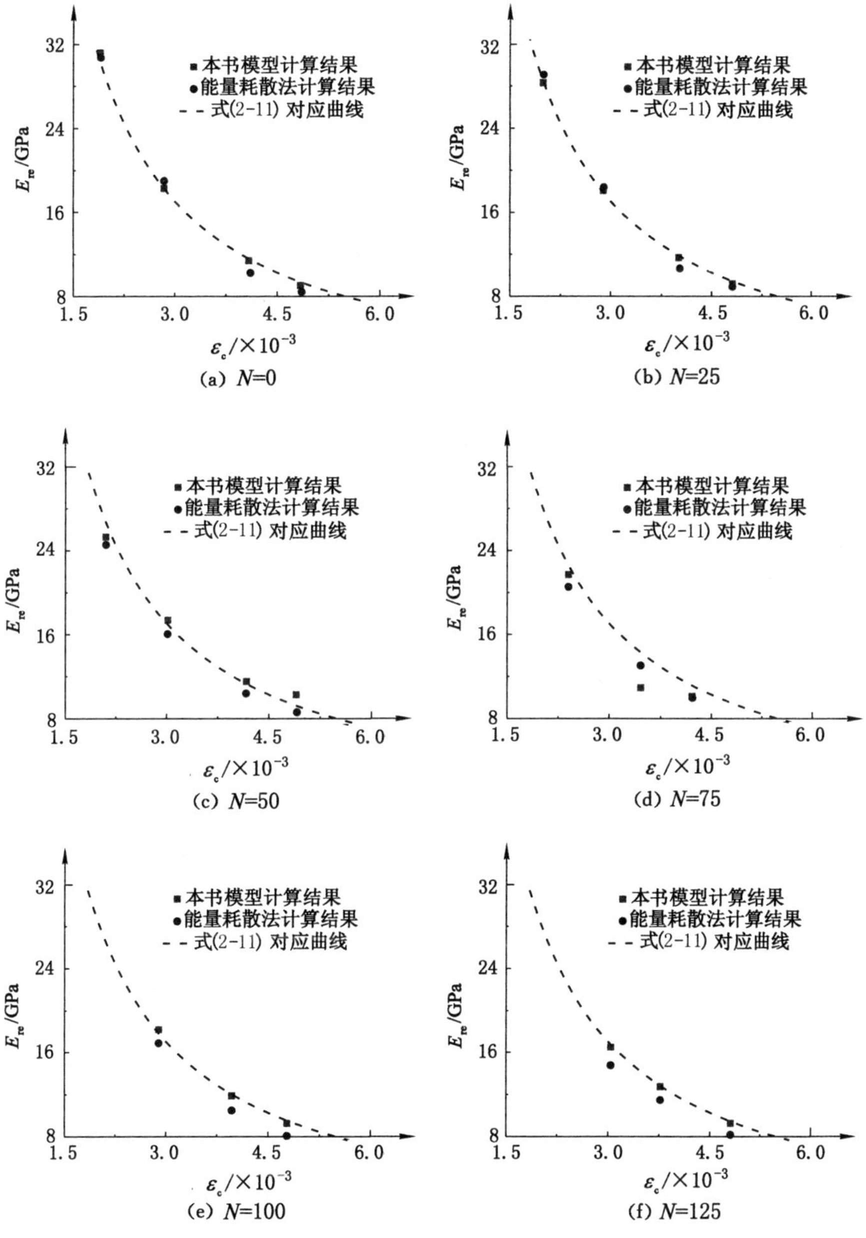

图 2-18 采用不同方法计算的再加载模量对比

由图 2-18(a)和图 2-18(b)可知：当混凝土试件未发生冻融循环或冻融循环次数相对较小时(冻融循环次数不超过 25 次)，采用本书提出的损伤模型和能量耗散方法计算的结果与曲线吻合度较好，说明当冻融损伤的程度相对较低时，采用两种方法计算的结果均可以用于描述混凝土在单轴压缩过程中的损伤。由图 2-18(c)和图 2-18(d)可知：随着冻融循环次数的增加，采用本书提出的损伤模型计算得到的结果与采用能量耗散方法计算得到的结果差距增大。由图 2-18(e)和图 2-18(f)可知：当冻融循环次数相对较大时(冻融次数超过 100 次)，本书提出的损伤模型的计算结果与曲线吻合度良好，采用能量耗散方法计算得到的结果与曲线之间存在相对较大的差距。本书提出的损伤计算模型可以更好地描述冻融循环后混凝土在单轴压缩过程中的压缩损伤。

2.4.3 海水冻融循环后混凝土的骨架曲线

混凝土在单轴压缩过程中的本构关系可以反映混凝土在单轴压缩全过程中的力学特性，是钢筋混凝土构件受力分析的必要依据，也是钢筋混凝土构件非线性分析的理论基础。为了确定海水冻融循环后混凝土在单轴压缩过程中的本构关系，需要对骨架曲线进行描述。在本书试验研究的基础上给出了海水冻融循环后混凝土在单轴受压过程中骨架曲线的确定方法，并结合本书提出的压缩损伤计算模型建立了海水冻融循环后混凝土的本构关系。

以未经过海水冻融循环混凝土试件在单轴反复压缩试验过程中的包络曲线为例，对应力和应变进行归一化处理，如图 2-19 所示。与一些学者的试验结果相似，海水冻融循环后混凝土试件在单轴反复压缩试验中的包络曲线满足以下几何特征：

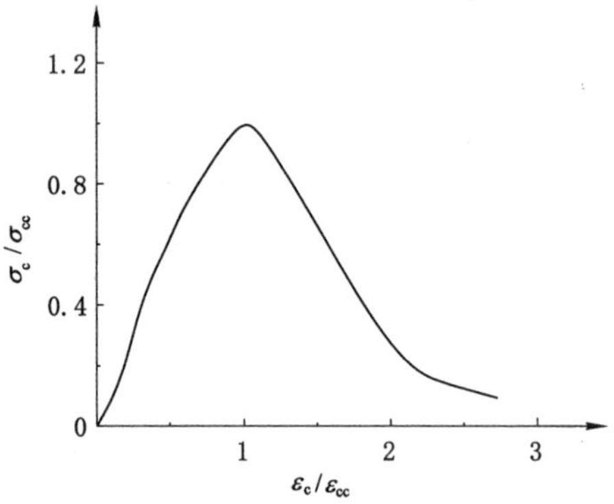

图 2-19　未经过海水冻融循环混凝土包络曲线

① $x=\sigma_c/\sigma_{cc}$，$y=\varepsilon_c/\varepsilon_{cc}$，当 $x=0$ 时，$y=0$；

② 当 $x=1$ 时，$y=1$，且 $dy/dx=0$，即在峰值点处连续，骨架曲线为单峰值；

③ 当 $x\rightarrow\infty$，$y\rightarrow 0$，$dy/dx\rightarrow 0$；

④ 骨架曲线满足 $x\geqslant 0$，且 $0\leqslant y\leqslant 1$。

曼德本构模型中骨架曲线的计算公式可以较好地满足上述骨架曲线几何特征的要求，同时具有形式相对简单、参数相对较少的特点。因此，本书基于曼德本构模型中骨架曲线的计算公式，给出了海水冻融循环后混凝土在单轴反复压缩过程中骨架曲线的计算公式。曼德公式的表达式如式(2-13)和式(2-14)所示。

$$\frac{\sigma_c}{\sigma_{cc}}=\frac{\left(\frac{\varepsilon_c}{\varepsilon_{cc}}\right)^r}{r-1+\left(\frac{\varepsilon_c}{\varepsilon_{cc}}\right)^r} \tag{2-13}$$

$$r=\frac{E_c}{E_c-E_{sec}} \tag{2-14}$$

式中　r——形状参数；

E_c——混凝土试件在单轴压缩过程中的弹性模量；

E_{sec}——混凝土试件在单轴压缩过程中的割线模量。

曼德本构模型中骨架曲线的计算公式可以用于描述非约束和约束混凝土试件在单轴反复压缩过程中的包络曲线。在曼德公式中，峰值应力 σ_{cc}、峰值应变 ε_{cc} 以及形状参数 r 直接影响骨架曲线的形状，通过调整参数 σ_{cc}、ε_{cc} 和 r，曲线(图 2-20)呈现如下规律：① 在峰值应变 ε_{cc} 和形状参数 r 不发生变化时，随着峰值应力 σ_{cc} 的降低，骨架曲线的开口逐渐增大，如图 2-20(a)所示；② 在峰值应力 σ_{cc} 和形状参数 r 不发生变化时，随着峰值应变 ε_{cc} 的增大，骨架曲线的开口逐渐增大，如图 2-20(b)所示；③ 在峰值应力 σ_{cc} 和峰值应变 ε_{cc} 不发生变化时，随着形状参数 r 的增大，骨架曲线的开口逐渐减小，如图 2-20(c)所示；④ 骨架曲线的开口大小对峰值应力 σ_{cc} 和峰值应变 ε_{cc} 的改变均较为敏感，当混凝土耐久性降低或者其他因素影响试验中的峰值应力 σ_{cc} 和峰值应变 ε_{cc} 时，骨架曲线的形状有明显改变。

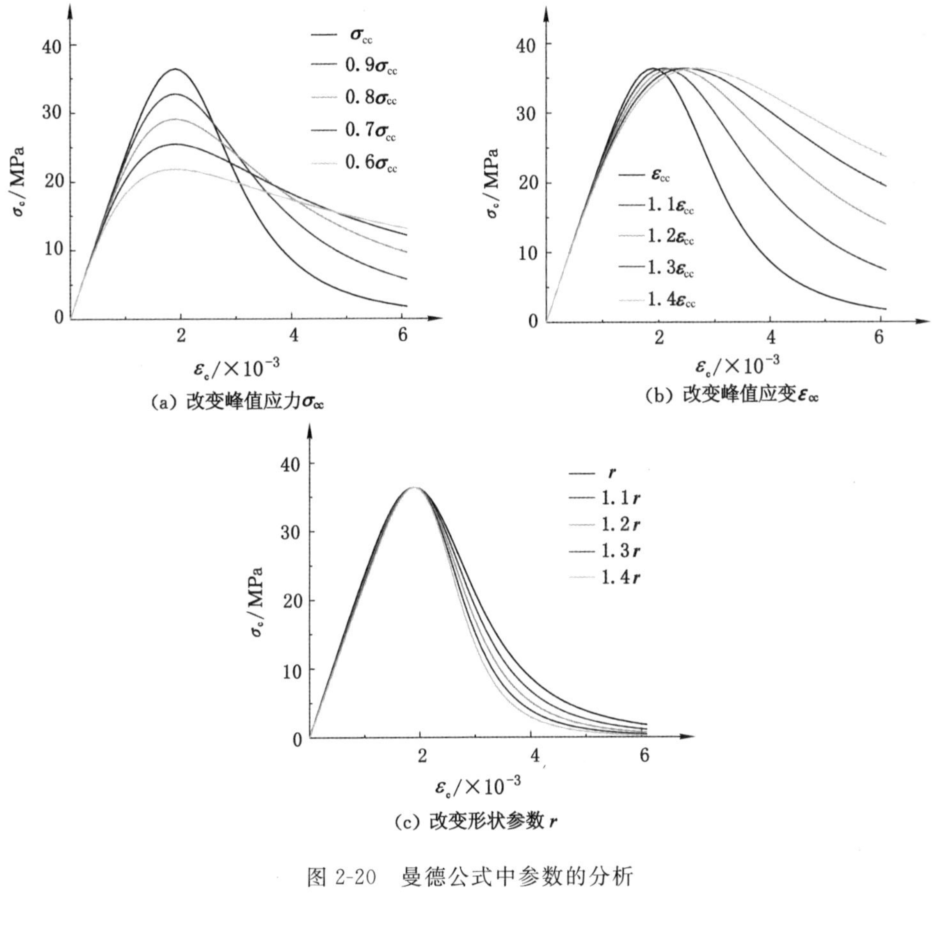

图 2-20　曼德公式中参数的分析

随着混凝土试件海水冻融循环次数的增加，单轴反复压缩试验中包络曲线的开口逐渐增大，但增大的幅度相对较小，采用现有曼德公式无法对海水冻融循环后单轴反复压缩试验中的包络曲线进行较好的描述，海水冻融循环 125 次时试件试验曲线与公式计算曲线对比如图 2-21 所示。因此，在针对不同耐久性问题或不同掺合料混凝土的研究中，需要根据试验结果对曼德公式进行修正。

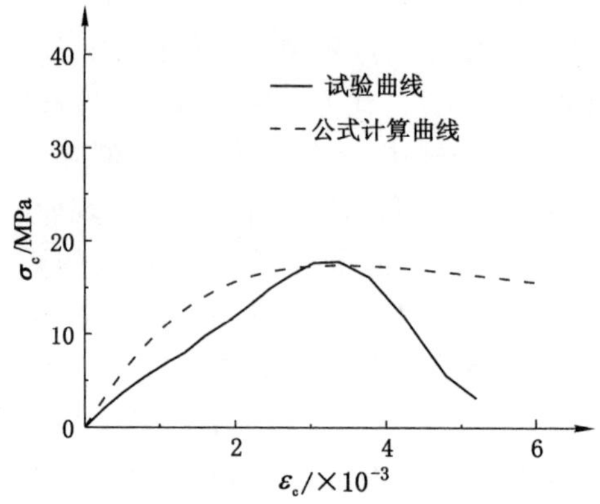

图 2-21　海水冻融循环 125 次时曲线对比

在通常情况下，试验中获得的峰值应力 σ_{cc} 和峰值应变 ε_{cc} 为定值，则需要通过对形状参数 r 进行修正，以达到修正曼德公式的目的。一些学者假定形状参数 r 的函数形式是关于混凝土强度和体积配箍率的二次函数，根据试验结果对形状参数 r 进行修正，通过归一化处理，给出了锈蚀箍筋约束混凝土在单轴受压过程中骨架曲线的计算公式。本书借鉴前人的研究思路，在原有形状参数 r 计算式(2-14)的基础上，提出了采用与海水冻融循环次数 N 相关的修正参数 n 对曼德公式中的形状参数 r 的计算公式进行修正，具体形式如式(2-15)所示。

$$r = \frac{nE_c}{E_c - E_{sec}} \tag{2-15}$$

假定参数 n 在归一化处理过程中的函数形式为 $n = aN^2 + bN + c$。利用非线性最小二乘法进行数据拟合，可以确定修正参数 n 与海水冻融循环次数 N 之间的关系曲线，如图 2-22 所示。

$$n = 2\times10^{-4}N^2 + 0.01N + 1.8 \tag{2-16}$$

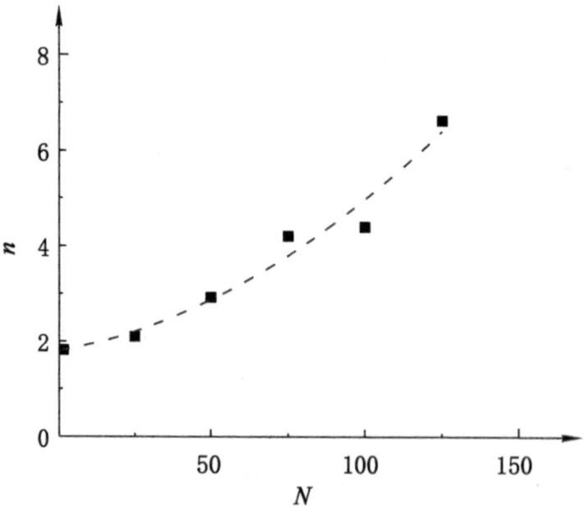

图 2-22　修正参数 n 与海水冻融循环次数 N 之间的关系曲线

结合式(2-13)、式(2-15)和式(2-16)计算不同海水冻融循环次数时混凝土试件在单轴反复压缩试验中的骨架曲线，并与试验获得的包络曲线进行对比，如图 2-23 所示。除海水冻融循环 75 次时的混凝土试件外，其余试件计算所得的骨架曲线与试验获得的包络曲线吻合度良好。海水冻融循环 75 次时混凝土试件曲线的对比结果如图 2-23(d)所示，在峰值点之前，通过公式计算的骨架曲线与试验获得的包络曲线吻合良好，峰值点后由于混凝土试件突然被压溃，导致曲线之间存在明显差异。总体来看，修正后的曼德公式可以有效地对海水冻融循环后混凝土试件在单轴压缩过程中的骨架曲线进行描述。

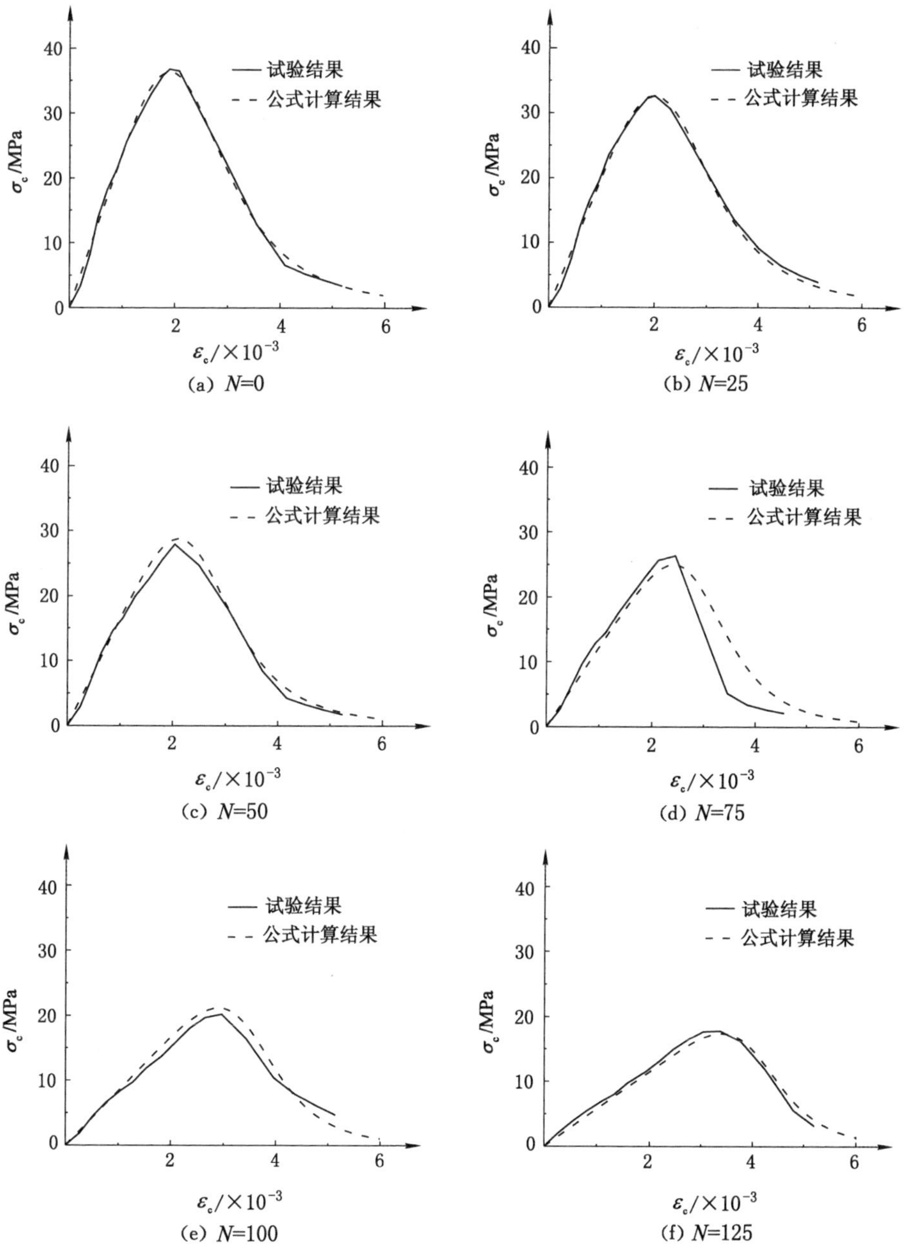

图 2-23　计算骨架曲线与试验包络曲线对比

2.4.4 本构关系的数值模拟应用

本书采用有限元分析软件ABAQUS对海水冻融循环后混凝土试件的单轴反复压缩试验进行数值模拟。以本书单轴反复压缩试验为基础，在ABAQUS中建立混凝土试件的实体模型，如图2-24所示。混凝土实体模型的尺寸为100 mm×100 mm×300 mm，在模型的顶部建立一个刚体板，用于模仿万能试验机的加载作动器，刚体板的下表面与模型底面之间的接触采用面-面接触。在试验中万能试验机的上下支座板较光滑，混凝土试件在单轴反复压缩过程中的横向变形不受约束。因此，在建模过程中混凝土模型的边界条件为：① 对底部的竖直方向进行约束；② 对底部上任一角点的水平方向进行约束。

(a) 单轴压缩试验

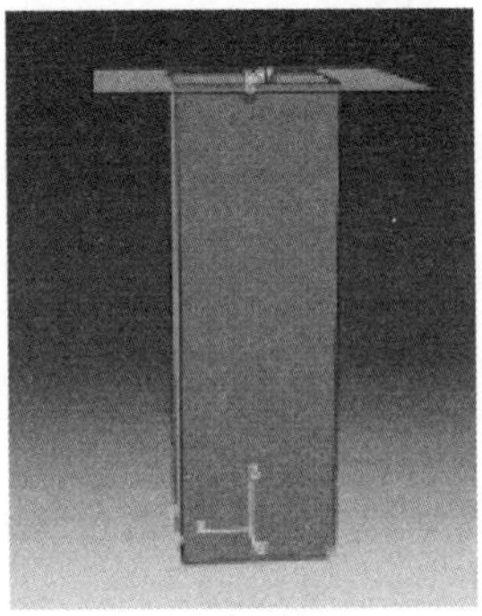

(b) 有限元实体模型

图2-24 单轴反复压缩试验及有限元模型

模型中混凝土材料选择C3D8R单元，加载过程采用隐式分析求解器进行求解。在ABAQUS的材料属性中内嵌CDP模型，只需要输入单轴反复压缩过程中的非弹性应变和相应的应力和压缩损伤值。其中，非弹性应变对应的压缩损伤值可以采用式(2-10)和式(2-11)进行计算，非弹性应变ε_c^{in}采用式(2-17)计算。

$$\varepsilon_c^{in} = \varepsilon_c - \varepsilon_{c0}^{el} = \varepsilon_c - \frac{\sigma_c}{E_c} \tag{2-17}$$

混凝土材料属性中其他参数的取值可以参考前人的研究成果，取值见表2-5。

表2-5 混凝土损伤塑性模型中的参数取值

ψ	ϵ	f_{b0}/f_{c0}	K_c	μ	ν
30°	0.1	1.16	0.67	0.000 1	0.2

表2-5中，ψ为膨胀角；ϵ为流动势偏移量；f_{b0}/f_{c0}为双轴与单轴受压的极限强度比；K_c为不变量应力比；μ为黏度系数；ν为泊松比。

按照本书的加载方法对模型进行加载，最终获得数值模拟曲线，并与试验曲线进行对比，如图2-25所示。数值模拟结果与试验结果吻合良好，说明本书提出的海水冻融循环后混凝土本构关系可以用于模拟海水冻融环境下混凝土材料的单轴反复压缩特性，为海水冻融循环后钢筋混凝土构件的非线性分析提供依据。

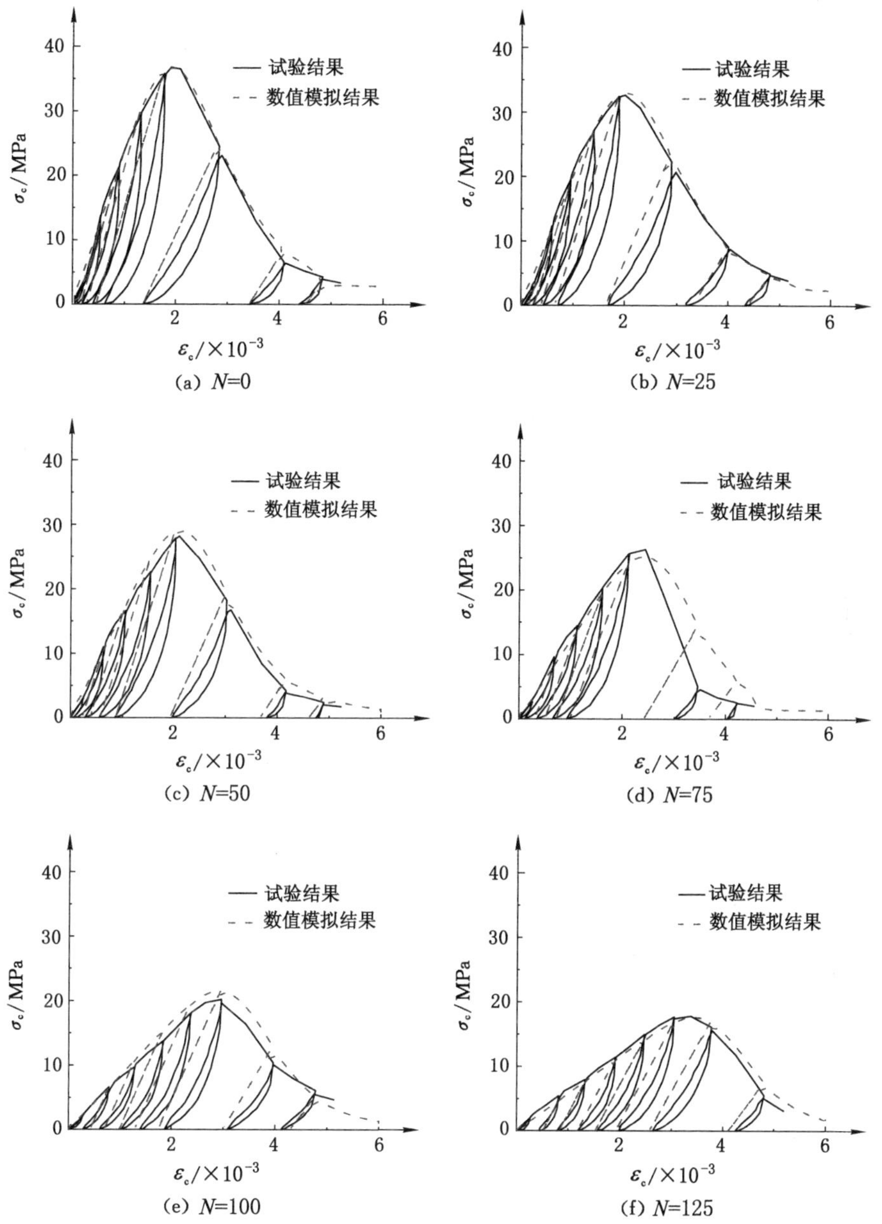

图 2-25 单轴反复压缩试验结果与数值模拟结果对比

2.5 本章小结

通过对混凝土试件进行的海水浸泡环境下的快速冻融循环试验以及单轴反复压缩试验，绘制了混凝土试件在不同海水冻融循环次数时的应力-应变关系曲线，同时给出了基于海水冻融循环试验结果的混凝土单轴压缩本构关系计算方法。

通过试验研究和理论分析得出以下结论：

（1）混凝土试件表面水泥砂浆的剥落标志着混凝土材料抗冻性能的变化，混凝土试件表面的剥落情况随着海水冻融循环次数的增加而趋于严重，其内部的冻融损伤也逐渐增加。混凝土试件的饱水率短暂降低后缓慢增大，其内部超声波传播速度的变化率逐渐提高。

（2）在反复压缩试验过程中混凝土试件的峰值应力、初始模量和再加载模量的变化范围随着海水冻融循环次数的增加而逐渐降低，峰值应变逐渐增大。极限模量和再加载模量的退化趋势不受海水冻融循环次数的影响。

（3）在试验研究的基础上，提出了冻融循环后混凝土在单轴压缩过程中的压缩损伤计算模型，结合 Mander 骨架曲线计算公式，给出了基于海水冻融循环试验结果的混凝土单轴反复压缩本构关系，为寒冷地区近海桥梁的非线性分析提供理论依据。

3　海水冻融循环后钢筋混凝土桥墩抗震性能试验研究

3.1　引言

在寒冷的气候环境下，表层海水与大气之间的温差较大，由于沿岸海水周期性运动，导致沿海地区近海桥梁的钢筋混凝土桥墩不可避免会遭受海水冻融循环作用的影响，这会严重影响桥墩的耐久性能以及力学性能。在以往针对冻融循环后钢筋混凝土构件抗震性能的试验研究中，通常选择的冻融环境是气冻气融，然而这种试验条件并不符合长期浸泡在海水中的钢筋混凝土桥墩所处环境。

本书试验主要采用预制节段拼装的结构形式，设计出一套适用于海水冻融环境的水冻水融试验方案，以海水冻融循环次数 N、轴压比 λ、纵筋直径 d_s 和箍筋间距 l_s 为设计参数，对海水冻融循环后的钢筋混凝土桥墩进行了低周往复荷载试验。通过对比分析试验过程中的剥落现象、滞回特性、骨架曲线、刚度退化和耗能特性，研究了海水冻融循环作用对钢筋混凝土桥墩抗震性能的影响。

3.2　材料和试件制作

3.2.1　试验总体设计

（1）试验设计参数

为了研究海水冻融循环后钢筋混凝土桥墩的抗震性能，本次试验共设计制作了 14 榀钢筋混凝土桥墩的试验模型，模型的总体设计如图 3-1 所示。其中，1 榀采用整体现浇（编号 XJ）形式，1 榀采用整体拼装（编号 ZJ）形式，12 榀预制节段拼装（编号 JP）形式。本书的试验模型主要采用了预制节段拼装形式，把钢筋混凝土桥墩会发生受弯破坏的区域设计制作成拼装节段，并进行了冻融循环试验。在试验过程中，可以将钢筋混凝土桥墩会发生受弯破坏的节段完全浸泡在海水环境中，本书试验方案的优点：① 试验模型的饱和状态更接近于实际现场环境中钢筋混凝土桥墩在遭受海水冻融循环作用时的饱和状态，使得试验结果更接近实际情况；② 试验模型所处的水冻水融试验条件与混凝土材料力学性能研究的试验条件相同，因此，针对混凝土材料力学性能的研究结果可以直接应用于构件的数值分析；③ 预制节段拼装桥墩已经受到广泛关注，尤其是在近海和跨海桥梁工程领域，因此本书的研究结果可以为寒冷地区近海桥梁的设计提供参考。

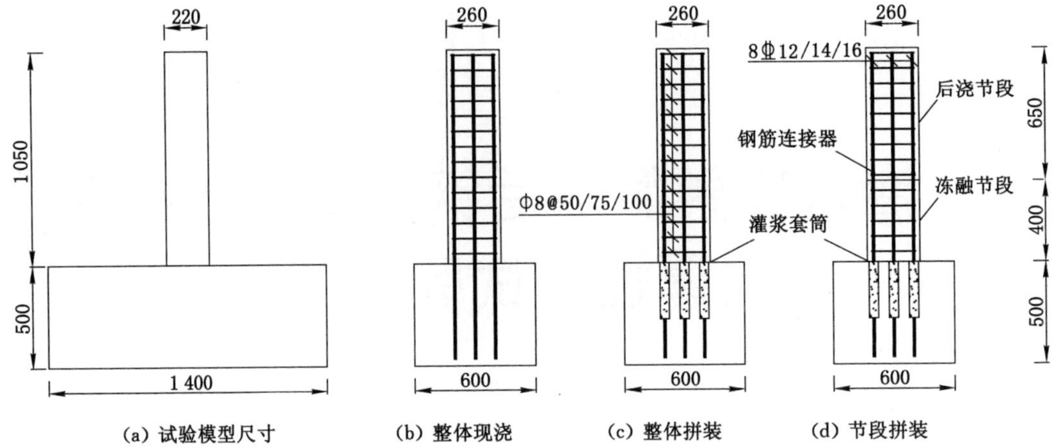

图 3-1　试验模型的尺寸和钢筋细节图(单位:mm)

在试验模型的设计和制作过程中,需要综合考虑不同设计参数对钢筋混凝土桥墩抗震性能的影响,包括了海水冻融循环次数、轴压比、纵筋直径以及箍筋间距,试件的设计参数汇总于表 3-1。表 3-1 中,字母 F、A、L、J 分别代表冻融、轴压、纵筋和间距的英文首字母。u 表示轴压比,d_s表示纵筋直径,ρ_l表示纵筋配筋率,l_s表示箍筋间距,ρ_V表示体积配箍率。

表 3-1　整体现浇、整体拼装和节段拼装试验模型的参数

试件编号	N/次	u	d_s/mm	ρ_l/%	l_s/mm	ρ_V/%
XJ	0	0.15	14	2.22	75	1.52
ZP	0	0.15	14	2.22	75	1.52
JP-F0	0	0.15	14	2.22	75	1.52
JP-F1	25	0.15	14	2.22	75	1.52
JP-F2	50	0.15	14	2.22	75	1.52
JP-F3	75	0.15	14	2.22	75	1.52
JP-F4	100	0.15	14	2.22	75	1.52
JP-F5	125	0.15	14	2.22	75	1.52
JP-A0.225	125	0.225	14	2.22	75	1.52
JP-A0.3	125	0.3	14	2.22	75	1.52
JP-L12	125	0.15	12	1.58	75	1.52
JP-L16	125	0.15	16	2.81	75	1.52
JP-J50	125	0.15	14	2.22	50	2.29
JP-J100	125	0.15	14	2.22	100	1.14

(2) 连接方式和材料

本书通过灌浆套筒对桥墩节段和基座进行拼装，同时在二次浇筑过程中采用钢筋连接器作为钢筋的连接装置。在预制节段拼装过程中使用的灌浆材料和座浆材料由北京思达建茂科技发展有限公司生产，如图 3-2 所示，其基本性能参数见表 3-2。

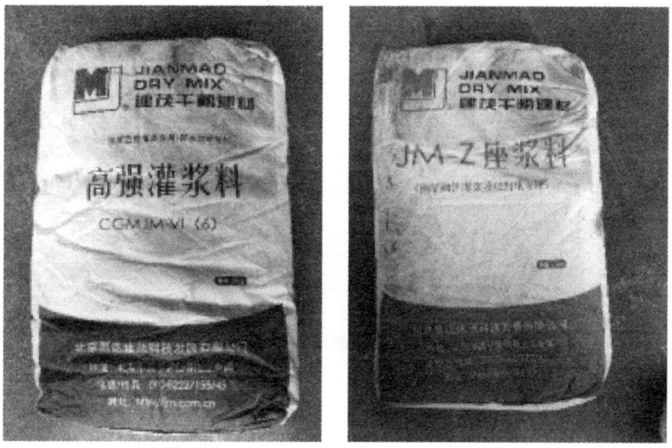

(a) 灌浆材料　　(b) 座浆材料

图 3-2　灌浆套筒所需材料

表 3-2　拼装材料的基本性能参数

型号及性能参数	灌浆材料	座浆材料
型号	CGMJM-VI	JM-Z
初始流动度/mm	≥300	≥380
60 min 流动度/mm	≥260	—
收缩量/mm	—	0
垂直膨胀率/%	0.02～0.5	—
泌水率/%	0	—
28 d 抗压强度/MPa	≥85	≥50
氯离子含量/%	≤0.03	—

预制节段拼装过程中所用的灌浆套筒为北京思达建茂科技发展有限公司生产的全灌浆型套筒。根据不同直径钢筋的需要，分别选择内直径为 44 mm、46 mm 和 48 mm 的灌浆套筒制作模型，其长度分别为 250 mm、280 mm 和 310 mm。将灌浆套筒进行灌浆并制作成拉伸试件，进行单轴拉伸试验，试件的破坏形式均为钢筋发生断裂，如图 3-3 所示。

由于钢筋混凝土桥墩柱身的截面尺寸相对较小，无法布置足够多的灌浆套筒，因此本书采用了自制的钢筋连接器的同时通过二次浇筑来完成试件的制作。用于延伸纵向钢筋的钢筋连接器，其参数见表 3-3。与钢筋连接器相连接的纵筋，其端部需要加工成与钢筋连接器相匹配的螺纹状以备用。

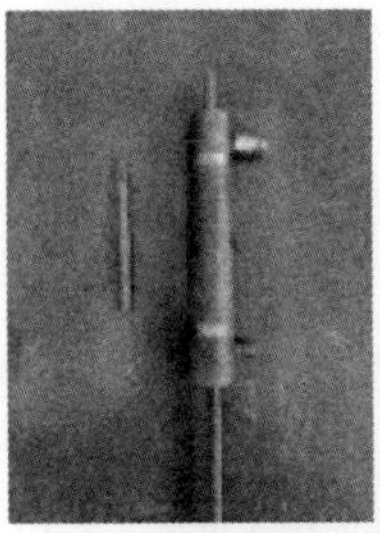

(a) 钢筋拉断

(b) 混凝土膨胀变形

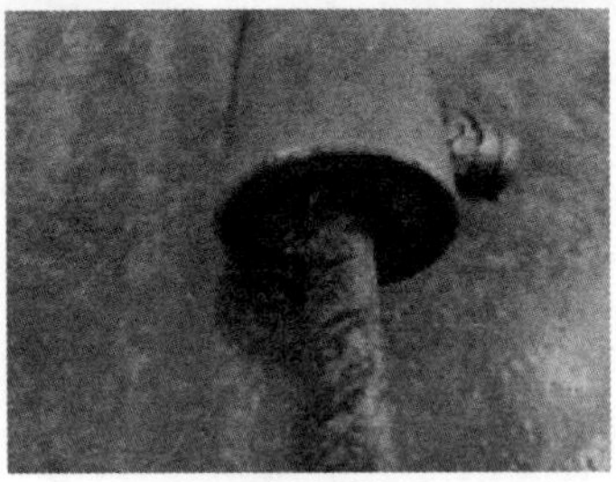

(c) 混凝土破坏

图 3-3　灌浆套筒破坏形式

表 3-3　钢筋连接器材料及参数

材料及参数	指标
材料	40# 钢
螺纹间距/mm	2
螺纹角度/(°)	60
螺纹长度/mm	50
螺纹内径/mm	12,14,16

由钢筋连接器连通钢筋后的拉伸试验可知：试件在钢筋螺纹处断裂破坏，如图 3-4 所示。为验证钢筋连接器是否适用于钢筋混凝土桥墩低周往复荷载试验，提取其拉伸过程的应力-应变关系曲线与普通钢筋拉伸试验结果进行对比，如图 3-5 所示。与普通钢筋拉伸试验结果相比，二者屈服强度基本相等，而与钢筋连接器连通的钢筋，其极限抗拉强度和极限应变分别降低了 8%和 52%。在二次浇筑界面处的钢筋应力不超过屈服强度时，钢筋连接器可以满足低周往复荷载试验的要求。

(3) 冻融节段和基座的设计

冻融节段的结构尺寸和钢筋细节如图 3-6 所示。在节段内部预埋 8 根对称布置的钢筋以备预制拼装以及二次浇筑，节段混凝土的保护层厚度为 15 mm。冻融节段的结构尺寸和钢筋细节符合以下原则：

① 冻融节段的截面尺寸需要根据快速冻融循环试验装置的内部有效空间(995 mm×550 mm)来确定，以单次尽可能多的试件进行快速冻融循环试验为准，本书确定冻融节段的截面尺寸为 260 mm×220 mm。

② 冻融节段的高度需要考虑快速冻融循环试验装置的内部有效高度，即 600 mm，包括

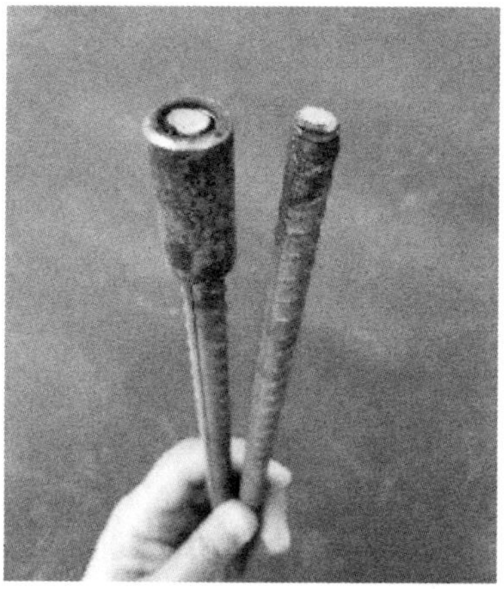

图 3-4 钢筋连接器单轴受拉试验结果

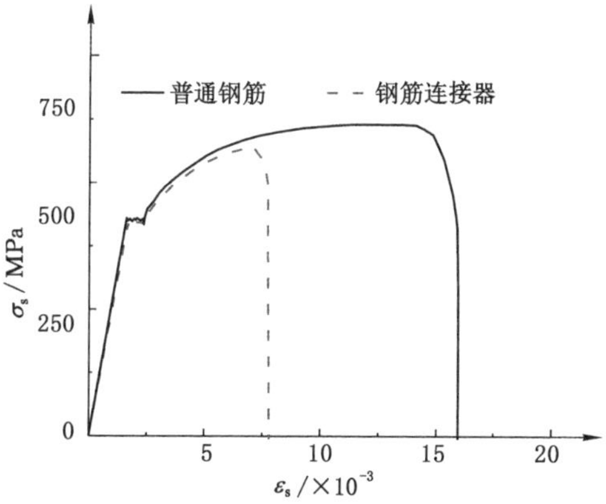

图 3-5 普通钢筋、钢筋连接器单轴受拉试验结果

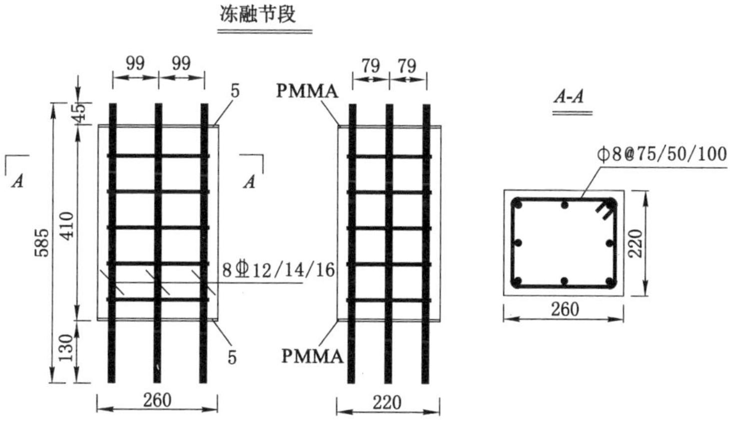

图 3-6 冻融节段尺寸和钢筋细节(单位:mm)

需要插入灌浆套筒的纵筋的有效长度 135 mm 以及钢筋连接器所需螺纹长度 25 mm 在内，整个节段高度不能超过 600 mm。

③ 冻融节段混凝土的高度必须高于钢筋混凝土桥墩的弯曲破坏高度。本书通过钢筋混凝土桥墩的塑性铰高度估算破坏高度。塑性铰高度的计算公式见式(3-1)、式(3-2)。

$$L_p = 0.08H + 0.022f_yd_s \geqslant 0.044f_yd_s \tag{3-1}$$

$$L_p = \frac{2}{3}b \tag{3-2}$$

式中 L_p——塑性铰高度；

H——悬臂墩的高度或塑性铰截面到反弯点的距离；

b——矩形截面的短边尺寸或圆形截面的直径；

f_y——纵筋抗拉强度标准值；

d_s——纵筋直径。

综合考虑后，冻融节段混凝土高度确定为 400 mm，上截面预留延伸钢筋 50 mm，下截面预留延伸钢筋 135 mm。

后浇节段(二次浇筑)的高度决定了桥墩试件的高度，可以通过调整试验模型的剪跨比来确定。《公路桥梁抗震设计细则》(JTG/T B02-1—2008)规定：钢筋混凝土桥墩的剪跨比在 2.5 和 10 之间，为确保钢筋混凝土桥墩的主要破坏形式为受弯破坏，根据经验确定了本书试验模型的剪跨比 $\lambda=4$。考虑到加载装置的高度，本书最终确定了后浇节段高度为 650 mm，试件柱体的高度为 1 050 mm。根据试件柱体尺寸和纵筋的设计确定试件底座的结构尺寸和钢筋细节，如图 3-7 所示。分别采用 HRB400 型钢筋和 HPB300 型钢筋作为试件的纵筋和箍筋，其中箍筋采用 12 mm、14 mm 和 16 mm 3 种直径，箍筋直径均为 8 mm，两种规格的钢筋的基本参数见表 3-4。本书选择 HPB300 型钢筋主要因为：①《公路桥梁抗震设计细则》(JTG/T B02-1—2008)指出：在桥梁设计中只需要重点考虑箍筋材料的强度以及

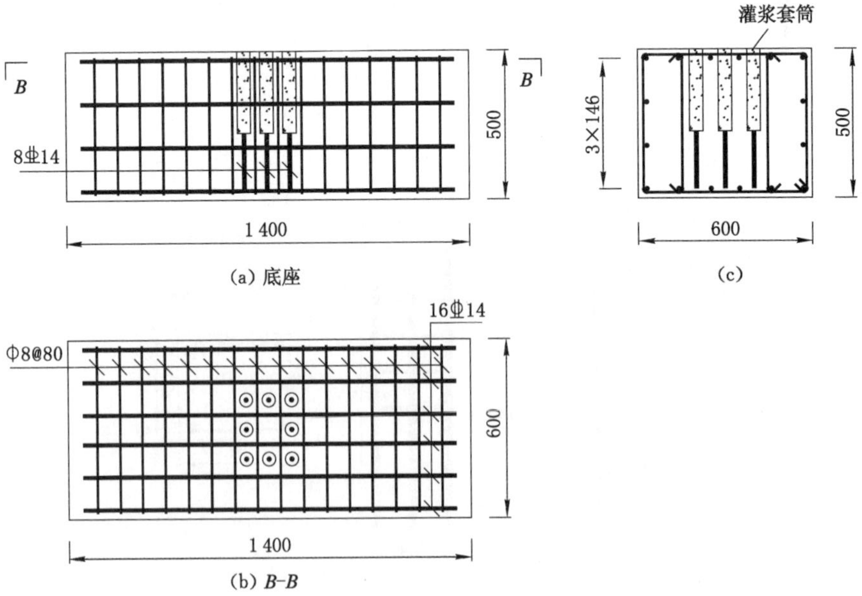

图 3-7 基座尺寸和钢筋细节图(单位:mm)

箍筋的间距，并未对箍筋类型有过多要求；② HPB300 型钢筋由于较易弯折，常用于小型构件的制作，《混凝土结构设计规范》(GB 50010—2010)(2015 年版)指出：HPB300 可用于混凝土结构的箍筋；③ 由于材料科学的不断发展，目前国内生产的屈服强度为 300 MPa 的钢筋大多数为光圆钢筋。

表 3-4　钢筋基本参数

钢筋种类	纵筋	箍筋
型号	HRB400	HPB300
直径/mm	12、14、16	8
屈服强度/MPa	422	450
极限强度/MPa	605	550
延伸率/%	7.2	10.4

3.2.2　预制节段的制作与冻融循环试验

冻融节段的制造过程如图 3-8 所示，为防止冻融节段顶面和底面的混凝土因为吸水而引起多维度冻融损伤的叠加，将顶面和底面的模板换成聚甲基丙烯酸甲酯(polymethyl methacrylate，简称 PMMA)板，如图 3-8(a)所示。在 PMMA 板上切割圆孔用于钢筋穿过，从而达到定位纵筋的作用，为之后拼装试件做准备，圆孔处采用玻璃胶密封处理。绑扎钢筋和模板支护完成之后浇筑混凝土，如图 3-8(c)所示，试验所用混凝土与第 2 章反复压缩试验所用混凝土相同，配合比见表 2-1。

(a) 节段细节图　　(b) 节段浇筑混凝土前准备工作

(c) 节段浇筑混凝土

图 3-8　冻融节段制作过程

为了对制作的预制节段进行快速冻融循环试验，对混凝土快速冻融循环试验装置进行了改造，如图 3-9 所示。根据试验装置腹腔的尺寸，本书设计并制作了 5 个不锈钢材质的容器，如图 3-9(a)所示，其尺寸为 280 mm×240 mm×510 mm，用于快速冻融循环试验中盛放冻融节段。冻融容器截面四边都超过冻融节段的截面 10 mm，其目的是使得冻融节段可以均匀浸泡在海水中。同时，设计制作了 4 个截面相对较小的不锈钢材质的容器用于盛放测温试件，如图 3-9(b)所示，测温容器尺寸为 120 mm×120 mm×510 mm。冻融节段在浇筑 48 h 后达到可以拆除模具的强度，拆除木质模具并保留顶底面的 PMMA 板。冻融循环试验前需要对钢筋进行防锈处理，目的是防止钢筋在养护阶段和冻融循环试验过程中锈蚀，从而影响试验结果。防锈措施主要是在钢筋表面缠绕防水胶布，如图 3-9(c)所示。在冻融节段养护 24 d 之后，浸泡在天然海水中饱水。试件的饱水工作完成后，将冻融节段和测温混凝土试件排列在混凝土快速冻融循环试验装置内，如图 3-9(d)所示。设置混凝土快速冻融循环试验机的融化温度和冻结温度分别为 5 ℃和－20 ℃，并开启试验，单次冻融循环过程的时间不长于 4 h，其中试件的融化时间占单次冻融循环所用时间的 1/4。以冻融循环 25 次为试验周期，将冻融循环后的节段取出，清理节段表面水泥砂浆的同时更换冻融容器内的浸泡溶液。完成相应冻融循环次数后将节段取出，直到所有节段完成相应的冻融循环次数后停止试验。

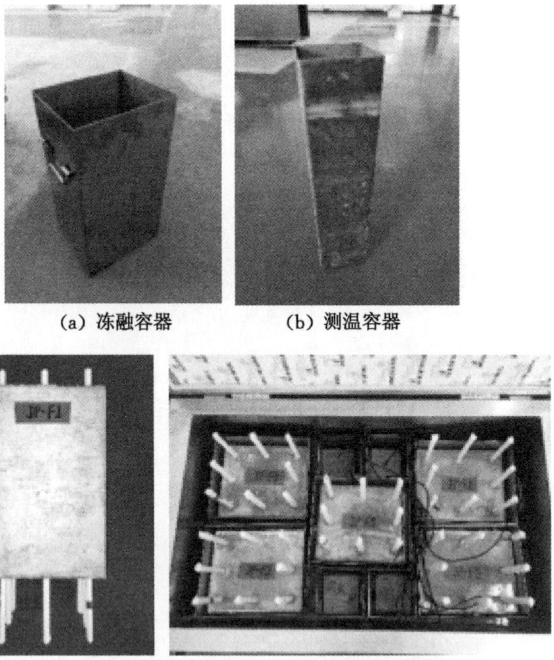

(a) 冻融容器　(b) 测温容器

(c) 防锈处理　(d) 冻融节段布置

图 3-9　冻融节段快速冻融循环试验

对比海水冻融循环试验前后钢筋混凝土节段的表面情况，如图 3-10 所示。当海水冻融循环次数为 25 次时，节段表面的水泥砂浆轻微剥落，如图 3-10(a)所示。当海水冻融循环次数超过 50 次时，节段表面的水泥砂浆大面积剥落，同时伴有粗骨料露出，如图 3-10(b)所示。海水冻融循环次数从 50 次增加到 125 次的过程中，节段表面水泥砂浆的剥落现象逐渐严重，由冻融循环作用引起的节段表面缺陷深度逐渐加深，如图 3-10(c)和图 3-10(d)所示。当海水冻融循环次数达到 125 次时，节段表面的水泥砂浆基本全部剥落，粗骨料完全暴露，如图 3-10(e)所示。节段的边角部位产生轻微膨胀变形，部分区域有单颗石子脱落，这说明冻融损伤发生在水泥砂浆和粗骨料间的界面处。如果继续进行快速冻融循环试验，冻融膨胀变形可能会影响之后的拼装和二次浇筑，本次试验的最终冻融循环次数合理停止在 125 次。

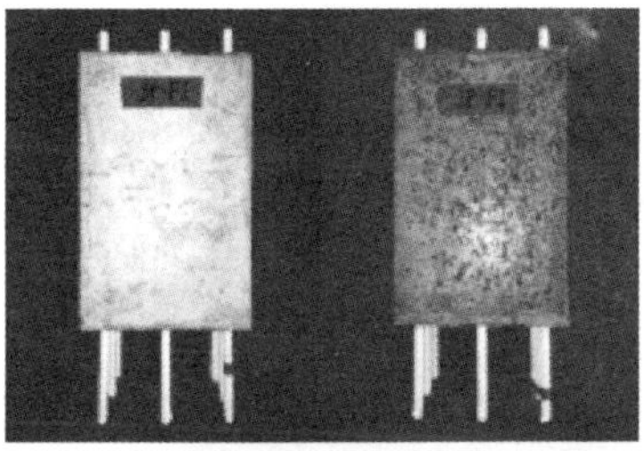

(a) 冻融循环 25 次前后对比

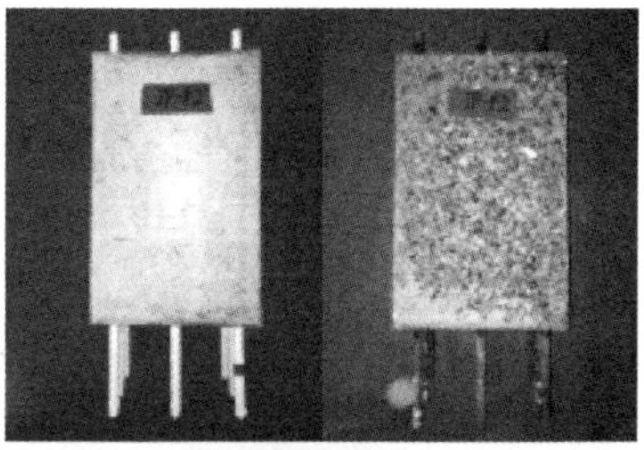

(b) 冻融循环 50 次前后对比

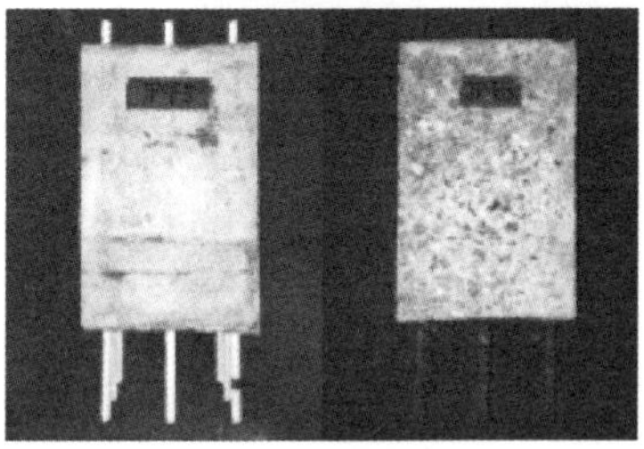

(c) 冻融循环 75 次前后对比

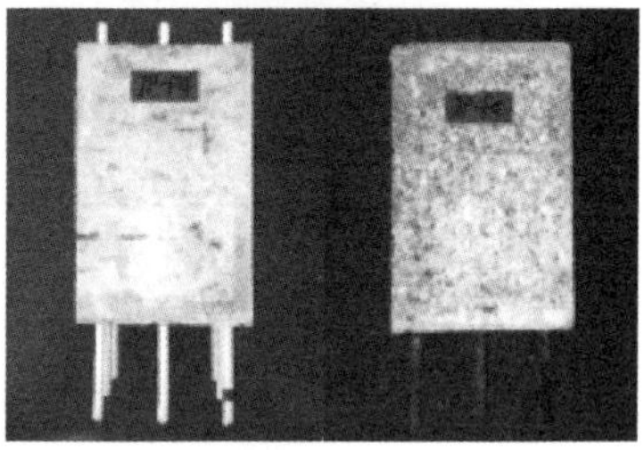

(d) 冻融循环 100 次前后对比

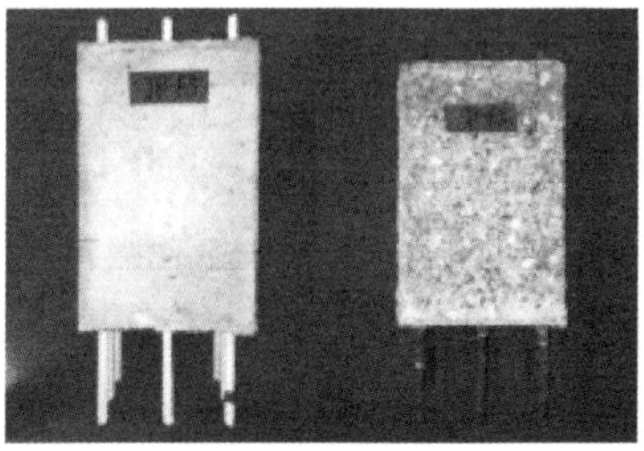

(e) 冻融循环 125 次前后对比

图 3-10　快速冻融循环试验结果

3.2.3　节段拼装和二次浇筑

快速冻融循环试验后进行节段拼装和二次浇筑以备低周往复荷载试验所用。首先需要完成基座的制作，其制作过程如图 3-11 所示。

在基座的制作过程中需要特别注意两点：① 灌浆套筒以及套筒底端延伸的纵筋都需要准确定位，以确保冻融节段的钢筋可以准确插入灌浆套筒的中心。本书通过焊接对灌浆套筒进行定位，如图 3-11(a)和图 3-11(b)所示。② 灌浆套筒的进出口需要采用软管进行延伸，以确保注浆过程的可行性。

灌浆套筒的工作原理如图 3-12 所示，主要是通过连通器原理将套筒内部灌满灌浆材料，所以需要通过软管将灌浆口和排浆口延长至基座表面，如图 3-11(c)所示。本书先用一根软管连接灌浆口和排浆口，如图 3-11(a)所示，在基座混凝土浇筑硬化后需要将软管剪断

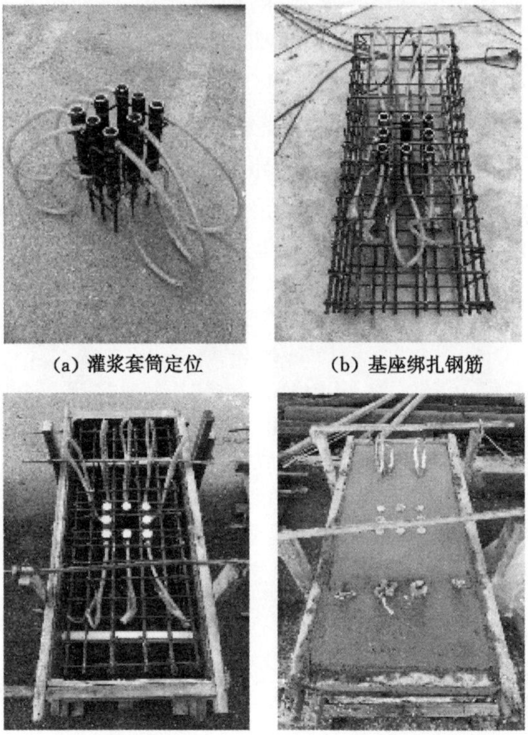

(a) 灌浆套筒定位　(b) 基座绑扎钢筋

(c) 基座支模　(d) 基座浇筑混凝土

图 3-11　基座的制作过程

以备灌浆和排浆。为防止在浇筑基座混凝土的过程中混凝土的流动以及硬化膨胀堵塞软管,进而影响灌浆,需要在软管内部插入钢筋以确保软管内部通畅,如图 3-11(c)所示。在浇筑基座混凝土前,应覆盖灌浆套筒的顶端,以确保没有浆液流入,并确保在养护过程中套筒内部始终干燥。浇筑混凝土如图 3-11(d)所示。

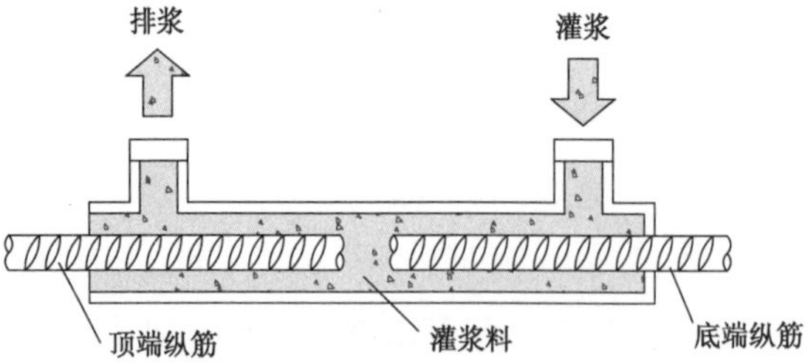

图 3-12　灌浆套筒工作原理

在基座的混凝土标准养护 28 d 后,可以进行节段的拼装工作。首先在基座顶面画线确定座浆材料面积,并对基座和冻融节段相互接触的界面凿毛处理,如图 3-13(a)和图 3-13(b)所示,凿毛后需要对凿毛区域进行清扫和洒水浸湿。按照规定比例配置座浆材料并进行人工搅拌,当座浆材料达到较高的可塑性后停止搅拌,均匀铺设在基座需要拼装部位的表面,预先用钢板进行压平处理,并在座浆材料铺设面的四角放置限位用的螺母,其高度为 15 mm,如图 3-13(c)所示。

(a) 基座凿毛　(b) 冻融节段凿毛

(c) 铺设座浆材料　(d) 人工注浆

(e) 插入冻融节段　(f) 拼装结束

图 3-13　二次浇筑过程

由于排气所用的软管较细，灌浆的设备压力不足以将灌浆材料送入套筒内部，所以本书采用先灌浆后插入的方式进行拼装。按照厂家规定的比例配置灌浆材料并进行人工搅拌，当灌浆材料具有较高的流动性时停止搅拌，从灌浆套筒的顶部灌入，在灌浆过程中伴随着细钢筋插捣，以确保空气从灌浆套筒内排除，使其部分充满灌浆材料，如图 3-13(d)所示。当灌浆材料从灌浆孔和排浆孔的软管中流出时，说明灌浆套筒的内部被灌浆材料灌满，将已遭受快速冻融循环作用的节段垂直插入基座，如图 3-13(e)所示，冻融节段插入基座后用胶锤敲实，并通过水平尺进行找平和找正，既要确保冻融节段的立面与基座顶面垂直，又要确保冻融节段的立面与基座立面平行。如果偏移角较大，需要在座浆料铺设面内插入木楔进行调整，约半小时后座浆材料开始硬化，可以去除木楔和螺母，用剩余座浆材料填补空缺并抹平。拼装结束如图 3-13(f)所示，定期进行洒水养护。

3.3　低周往复荷载试验及现象

3.3.1　试验方案

本次试验在大连理工大学桥隧研发基地的结构大厅进行，试件以及试验加载装置如

图 3-14 所示。试件的基座由 2 根横梁和 4 根地锚螺栓固定在试验大厅地面，由 2 根横梁和 2 个长螺栓进行固定并与剪力墙连接。竖向轴力由极限荷载由 3 000 kN 的液压千斤顶提供，并通过球形铰链和滚动导轨传递，使试件保持恒定的竖向轴力。竖向液压千斤顶由电液伺服系统控制，可以确保所施加竖向轴力与输入值之间误差不超过±5%。根据《公路钢筋混凝土及预应力混凝土桥涵设计规范》(JTG 3362—2018)，竖向轴力 F 可以根据式(3-3)计算。

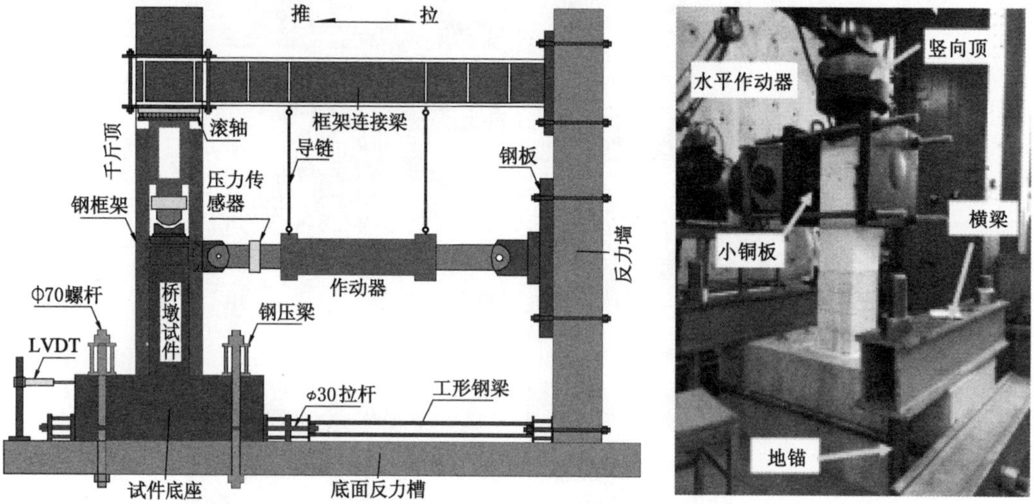

(a) 示意图　　(b) 实物图

图 3-14　试件以及加载装置

$$F = uf_{cd}A_c \tag{3-3}$$

式中　u——试件的设计轴压比；

f_{cd}——混凝土设计强度；

A_c——混凝土试件的横截面面积。

水平循环加载由极限位移±300 mm、量程为±1 000 kN 的作动器提供，分别通过头尾 2 个球铰和自制夹具将试件桥墩与剪力墙连接，使作动器加载角度可调整。作动器缸体由框架梁上悬挂的倒链吊起，尽量避免因 P-Δ 效应而导致的试验误差。本书采用位移控制的加载方式对试件进行加载，加载速率根据《混凝土结构试验方法标准》(GB/T 50152—2012)的要求设定为 0.1 mm/min，试验的加载历程如图 3-15 所示。

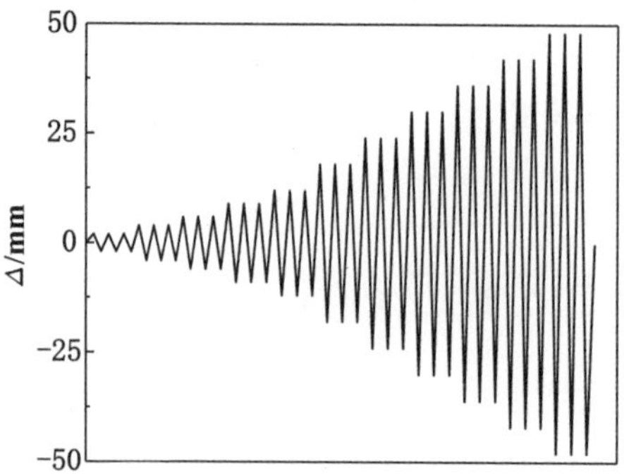

图 3-15　低周往复荷载试验加载历程

当侧向加载位移幅值低于预测屈服位移 Δ_y（约等于 ±6 mm）时，按照 ±2 mm 和 ±4 mm 位移步进行加载。当侧向加载位移幅值超过屈服位移 Δ_y 时，按照屈服位移 Δ_y 的倍数进行加载（$0.5\Delta_y$、Δ_y、$2\Delta_y$、$3\Delta_y$ 等）。根据《建筑抗震试验规程》(JGJ/T 101—2015)的内容，在加载到相同的位移加载幅值时需要进行 3 次往复循环加载，当试验过程中墩顶的侧向荷载下降到峰值荷载的 80%时，停止试验。

3.3.2 试验现象

低周往复荷载试验后试件的开裂及破坏情况如图 3-16 至图 3-18 所示，所有试件的破坏形式均为弯曲破坏。低周往复荷载试验过程中试件的破坏过程大致相同，可归纳为：

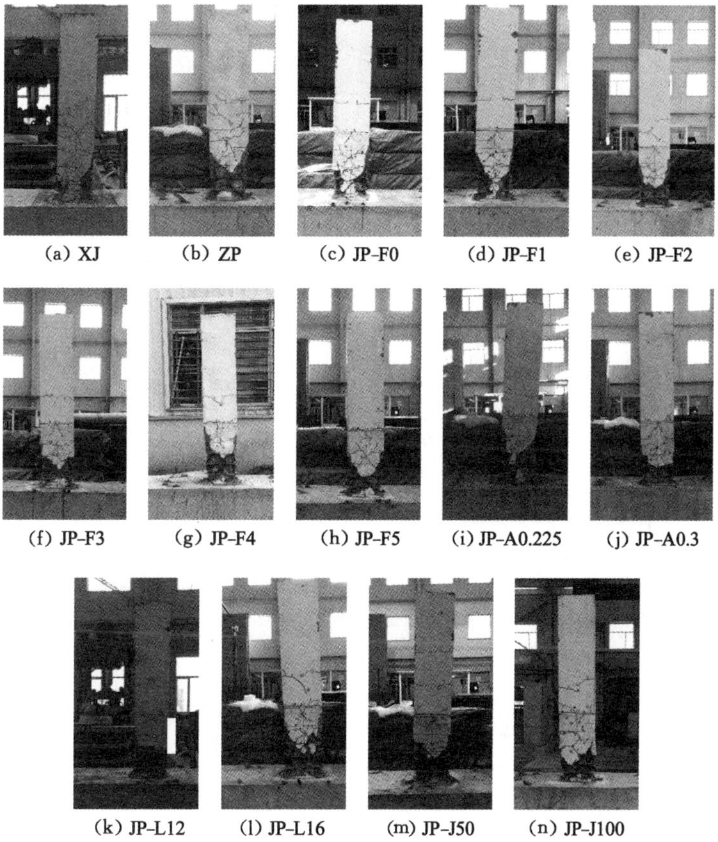

(a) XJ (b) ZP (c) JP-F0 (d) JP-F1 (e) JP-F2

(f) JP-F3 (g) JP-F4 (h) JP-F5 (i) JP-A0.225 (j) JP-A0.3

(k) JP-L12 (l) JP-L16 (m) JP-J50 (n) JP-J100

图 3-16 试件破坏形态

(1) 当加载位移幅值为±2 mm 时，节段拼装试件产生第一条横向裂缝，开裂位置在冻融节段和后浇节段的接缝处（距离桥墩脚 400 mm）。当位移幅值±4 mm 加载结束后，墩身表面新产生 3 条横向裂缝，间距约为 100 mm，遭受海水冻融循环 125 次的试件，此时在座浆材料的封缝界面（桥墩脚）处产生裂缝，如图 3-17(a)所示。编号 JP-F0 和 ZP 试件则要在加载位移幅值达到±6 mm 时才会出现桥墩脚裂缝，如图 3-17(b)所示。当加载位移幅值达到±6 mm 时，横向裂缝向墩身的非加载立面延伸 30～50 mm，如图 3-17(c)所示。在此阶段，

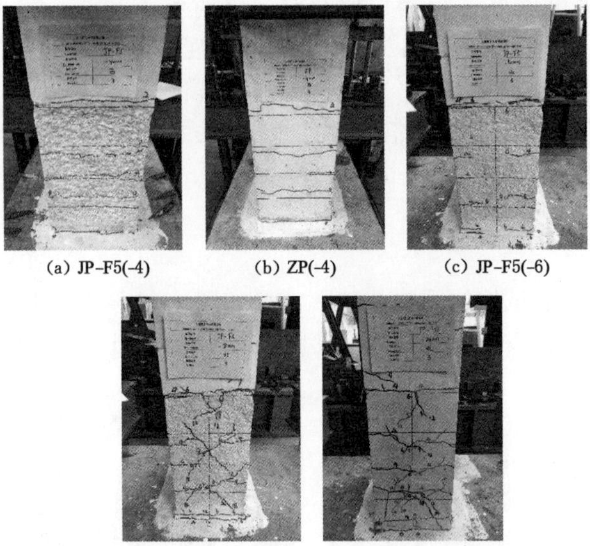

(a) JP-F5(-4)　(b) ZP(-4)　(c) JP-F5(-6)

(d) JP-F5(-18)　(e) JP-F0(-24)

图 3-17　低周往复荷载试验试件混凝土开裂现象

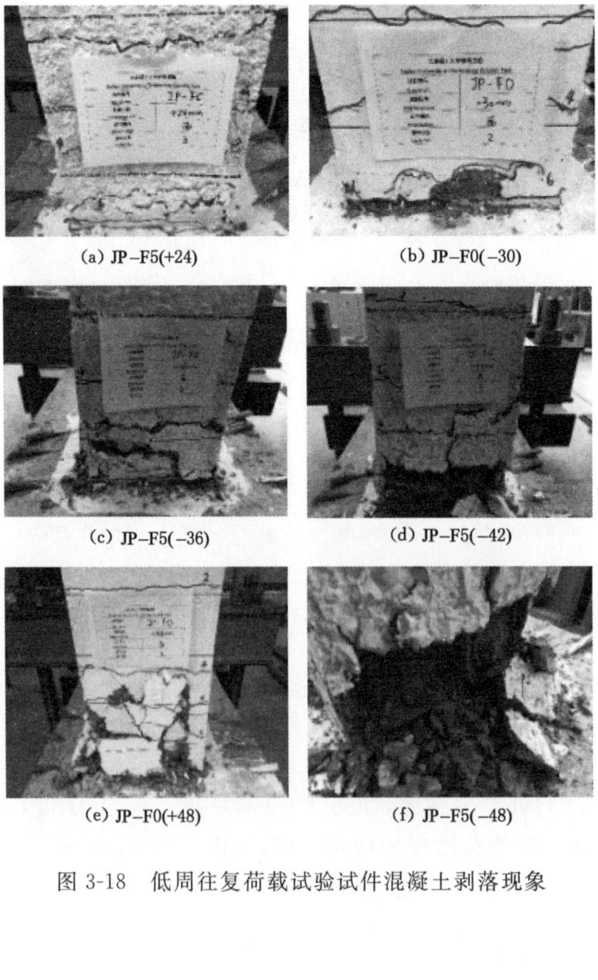

(a) JP–F5(+24)　(b) JP–F0(–30)

(c) JP–F5(–36)　(d) JP–F5(–42)

(e) JP–F0(+48)　(f) JP–F5(–48)

图 3-18　低周往复荷载试验试件混凝土剥落现象

试件处于弹性阶段。

（2）当位移幅值达到±9 mm 时，横向裂缝在试件非加载方向的立面斜向延伸。随着水平位移的继续增大，非加载方向立面的斜裂缝逐渐延伸，编号 JP-F0 试件在加载位移幅值达到±24 mm 时斜裂缝的延伸长度与编号 JP-F5 试件在加载位移幅值达到±18 mm 时相近，如图 3-17(d)和图 3-17(e)所示。

（3）随着加载位移幅值的持续增大，横向裂缝数量增加，斜向裂缝继续延伸。桥墩脚由于受压作用逐渐形成了竖向裂缝。当加载位移幅值达到±24 mm 时，墩身表面的混凝土起皮剥落，如图 3-18(a)所示。非冻融损伤试件表面起皮剥落的加载位移幅值需要达到±30 mm，如图 3-18(b)所示。在循环拉-压作用下，试件混凝土的破坏逐渐严重，如图 3-18(c)所示，当加载位移幅值达到±42 mm 时，试件的保护层混凝土被压溃并逐渐掉落，试件的箍筋暴露在外，如图 3-18(d)所示。编号 JP-F0 试件保护层混凝土压溃脱落的加载位移幅值需要达到±48 mm，如图 3-18(e)所示。海水冻融循环 125 次试件在加载位移幅值达到±48 mm 时，墩身的混凝土压溃剥落现象严重，纵筋已经发生屈曲并完全暴露在外，如图 3-18(f)所示。当试件墩顶的荷载下降到峰值承载力的 80%时，停止试验。

（4）不同海水冻融循环次数时的试件在低周往复荷载试验后墩身混凝土剥落，如图 3-19 所示。随着海水冻融循环次数的增加，低周往复荷载试验后墩身混凝土的剥落高度逐渐降低。

(a) JP-F0　(b) JP-F1

(c) JP-F2　(d) JP-F3

(e) JP-F4　(f) JP-F5

图 3-19　试件混凝土剥落高度

在低周往复荷载试验中冻融节段与后浇段封缝处的裂缝始终未超过 4 mm，不会超过钢筋连接器的屈服位移，说明钢筋连接器的有效性。由于弯曲变形、剪切变形和桥墩脚纵筋的滑移主要影响墩脚处的裂缝宽度，封缝处的裂缝更有可能是二次浇筑造成的混凝土龄期不同所导致的。

3.4 试验结果分析

3.4.1 滞回特性

海水冻融循环后钢筋混凝土桥墩在低周往复荷载试验过程中的滞回曲线，即荷载-位移关系曲线，如图 3-20 所示，滞回曲线的捏缩效果较好。海水冻融循环后钢筋混凝土桥墩在试验中的滞回特性大致相同，可以总结如下：

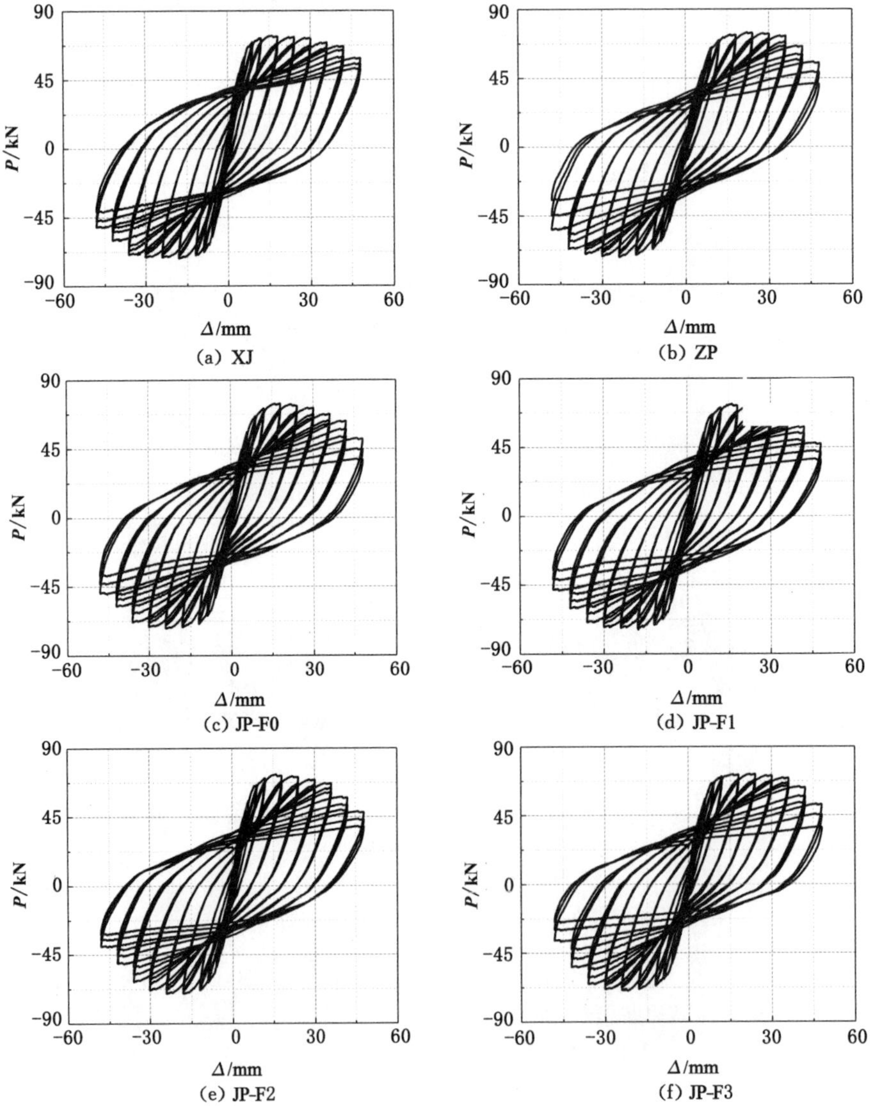

图 3-20 试件的滞回曲线

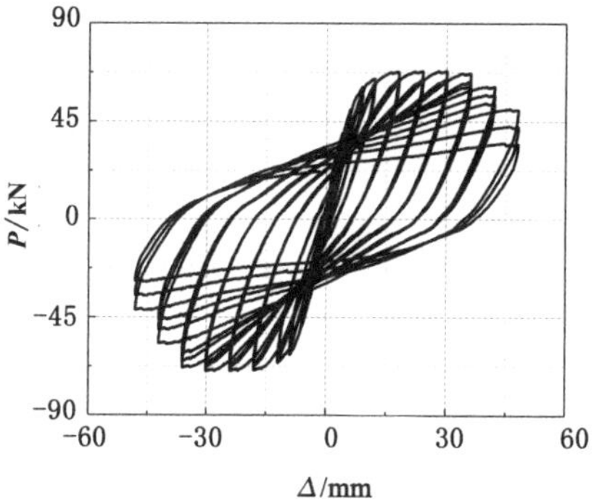

(g) JP-F4

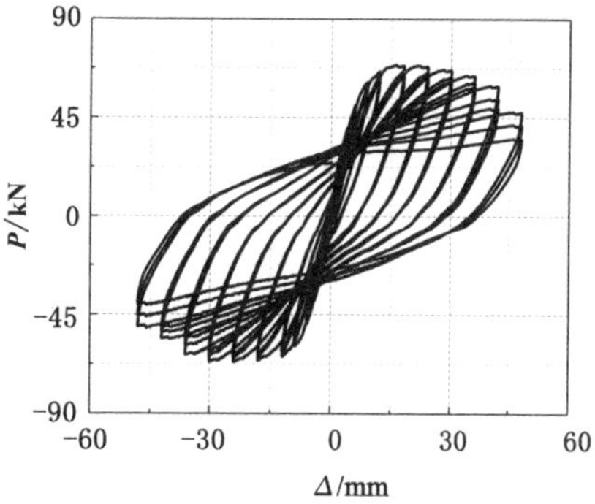

(h) JP-F5

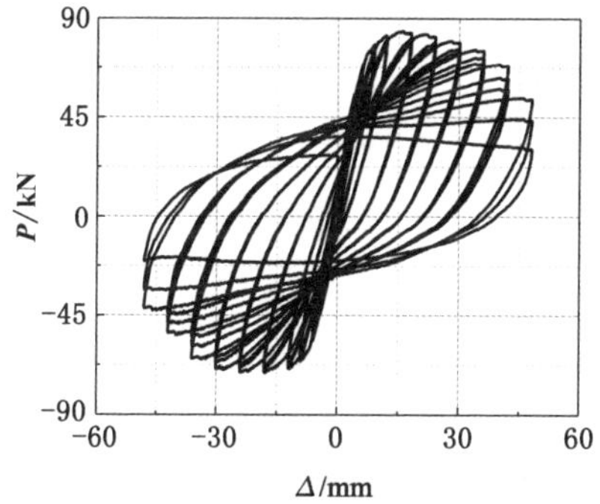

(i) JP-A0.225

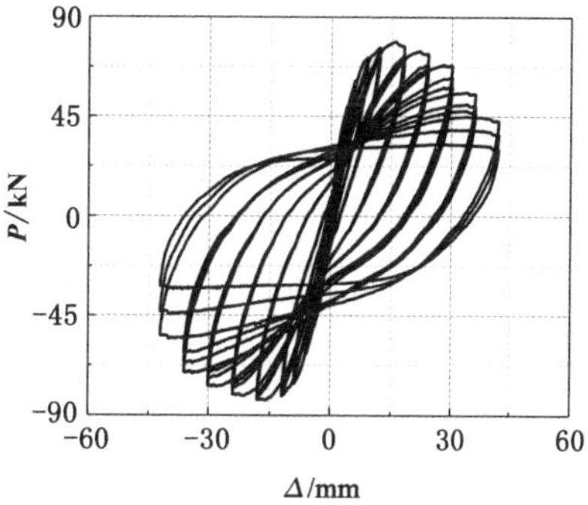

(j) JP-A0.3

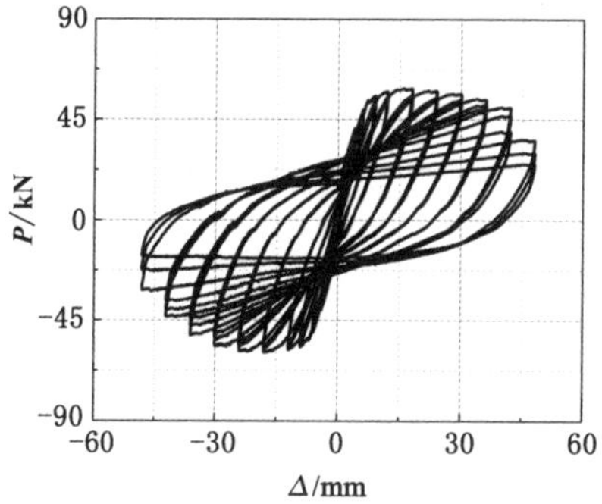

(k) JP-L12

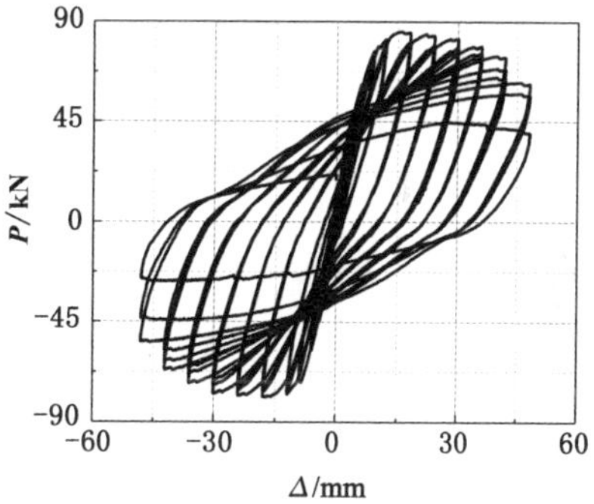

(l) JP-L16

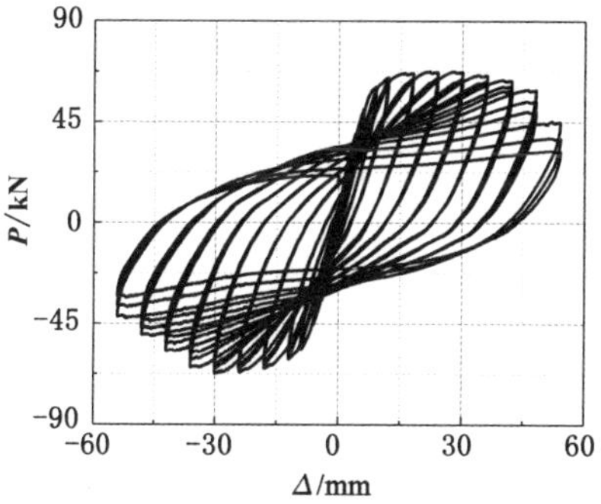

(m) JP-J50

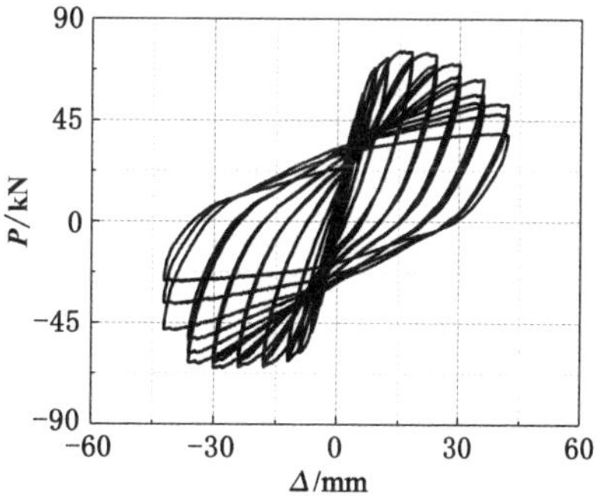

(n) JP-J100

图 3-20(续)

(1) 在加载位移幅值不超过±6 mm时,墩顶荷载与加载位移近似呈线性相关,加卸载路径与 x 轴的交点与原点间的差距很小,试件处于弹性阶段。随着位移加载过程的继续,卸载路径与 x 轴的交点与原点产生差距,即产生了残余位移,荷载-位移关系曲线的割线斜率降低,加卸载路径围成的面积逐渐增大,说明试件逐渐向塑性阶段转变,当低周往复荷载试验过程中的荷载达到峰值荷载后试件进入塑性阶段,残余位移和加卸载路径围成的面积持续增大。

(2) 对比0次、25次、50次、75次、100次以及125次海水冻融循环作用后试件的滞回曲线可知:随着海水冻融循环次数的增加,试件的初始刚度(弹性阶段的割线刚度)和峰值荷载逐渐降低。对比海水冻融循环25次试件和冻融循环125次试件的滞回曲线可知:随着海水冻融循环次数的增加,前者的滞回曲线比后者的滞回曲线更饱满,其残余位移也相对减小,如图3-21所示。

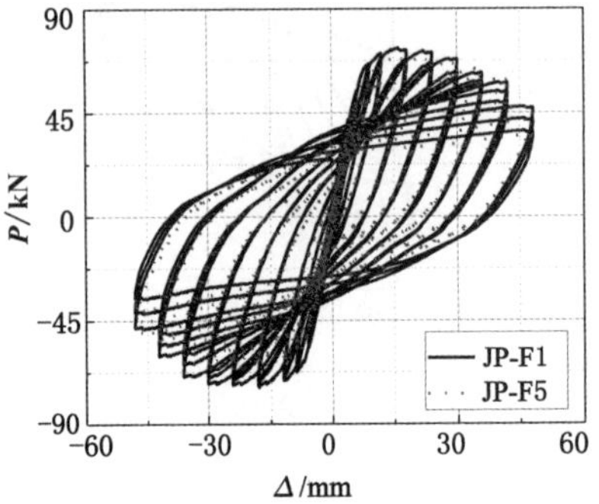

(a) JP－F1试件和JP-F5试件的滞回曲线对比

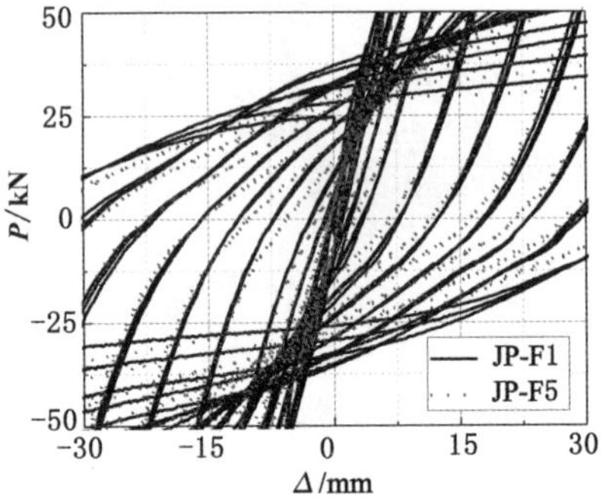

(b) 局部放大图

图3-21　冻融25次和125次时试件滞回曲线对比

(3) 在同为海水冻融循环125次时,分析轴压比、纵筋直径和箍筋间距对低周往复荷载试验后滞回曲线的影响。由曲线可知:提高试验过程中的轴压比和增大试件的纵筋直径,可以提高试件的初始刚度和峰值荷载。同时,由于滞回环形状变窄,进而导致残余位移减小,如图3-20(g)至图3-20(j)所示。提高试验过程的轴压比后,试件在峰值点后的墩顶荷载降低速度加快,极限位移(滞回环的数量)减小,而纵筋直径的改变对滞回曲线的极限加载位移幅值没有影响。改变试件的箍筋间距对试件的初始刚度和峰值荷载并没有明显的影响,但箍筋间距的减小会提高极限位移,如图3-20(k)和图3-20(l)所示。

3.4.2　骨架曲线

低周往复荷载试验后获得了不同设计参数试件的滞回曲线,获得各试件相应的骨架曲线,如图3-22所示。由于钢筋混凝土桥墩截面的尺寸相对于材料试验的截面尺寸大,钢筋混凝土桥墩在快速冻融循环试验装置中不可避免会受到不均匀冻融循环作用的影响,因此本书选择海水冻融循环作用对加载方向(推或拉)破坏最严重的数据进行分析。骨架曲线中各特征点的试验结果,即墩顶荷载和位移,见表3-5,P_y 为屈服荷载,Δ_y 为屈服位移,P_m 为峰值荷载,Δ_p 为峰值位移,P_u 为极限荷载,Δ_u 为极限位移,μ 为位移延性系数,$\mu=\Delta_u/\Delta_y$。

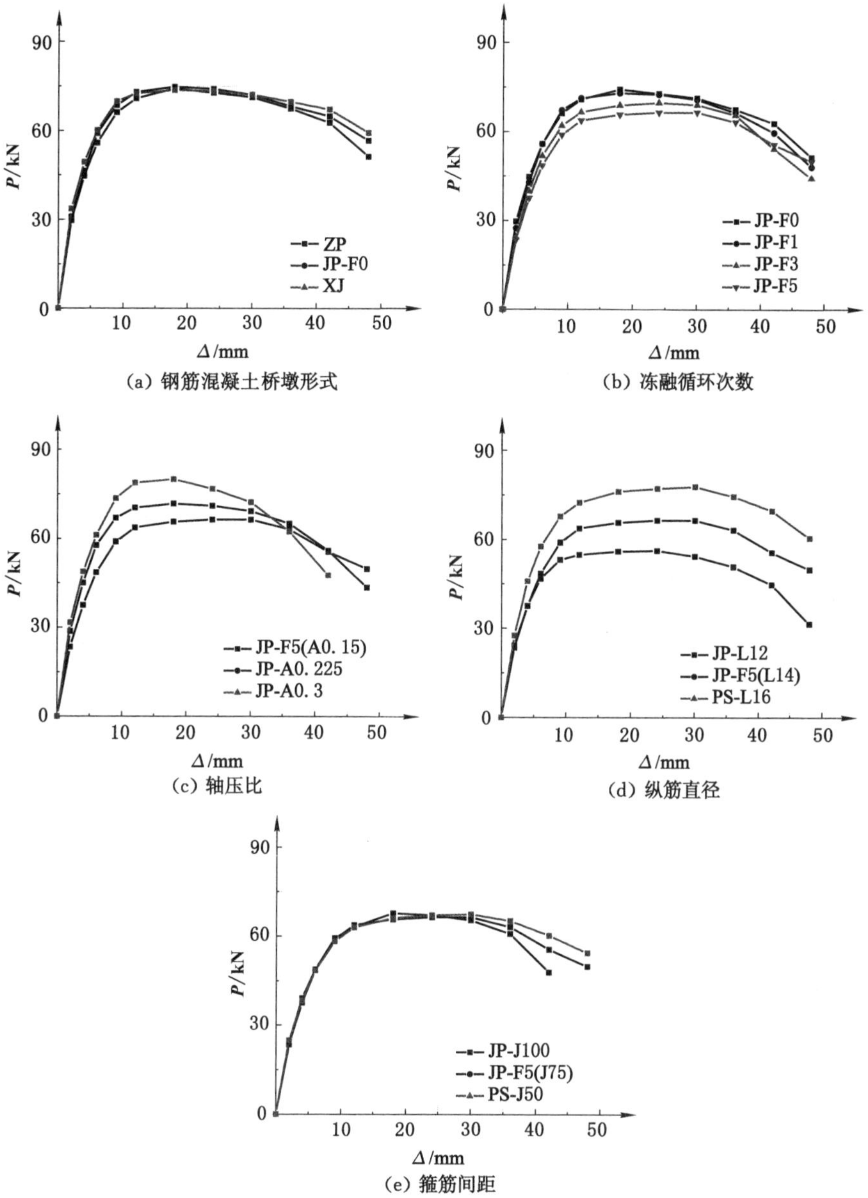

(a) 钢筋混凝土桥墩形式　(b) 冻融循环次数　(c) 轴压比　(d) 纵筋直径　(e) 箍筋间距

图 3-22　骨架曲线

表 3-5　骨架曲线特征值

试件编号	P_y/kN	Δ_y/mm	P_m/kN	Δ_m/mm	P_u/kN	Δ_u/mm	μ
XJ	55.4	6.8	73.7	18.0	62.7	45.5	6.7
ZP	56.2	7.4	74.7	18.0	63.5	42.9	5.8
JP-F0	55.8	7.9	74.2	18.0	63.1	41.4	5.2
JP-F1	54.9	7.8	73.0	18.0	62.1	39.8	5.1
JP-F2	52.7	7.9	70.3	24.0	59.8	40.6	5.1
JP-F3	52.0	8.0	69.7	24.0	59.0	39.4	4.9

表 3-5(续)

试件编号	P_y/kN	Δ_y/mm	P_m/kN	Δ_m/mm	P_u/kN	Δ_u/mm	μ
JP-F4	50.6	8.7	68.1	30.0	57.6	42.1	4.8
JP-F5	49.3	8.3	66.4	30.0	56.1	41.6	5.0
JP-A0.225	53.4	7.0	71.8	18.0	60.7	38.9	5.6
JP-A0.3	59.5	7.6	78.0	18.0	67.7	32.8	4.3
JP-L12	42.3	6.4	57.0	18.0	48.2	38.6	6.0
JP-L16	57.9	8.1	77.8	30.0	65.8	44.5	5.5
JP-J100	50.3	8.6	65.7	18.0	57.2	37.7	4.4
JP-J50	50.1	8.3	67.4	30.0	57.0	45.4	5.5

对比各参数时的骨架曲线以及特征值，可以对海水冻融循环后试件在低周往复荷载试验时的骨架曲线特征归纳如下：

(1) 整体现浇、整体拼装和非冻融损伤节段拼装试件的骨架曲线基本相同，如图 3-22(a)所示。对比编号 XJ、ZP 和 JP-F0 试件的骨架曲线可知：峰值荷载和峰值位移的偏差不超过 2%，说明本书设计的节段拼装形式可以代表现浇钢筋混凝土桥墩。灌浆材料、座浆材料、灌浆套筒和钢筋连接器的使用会影响试件的刚度和黏结滑移位移，进而影响其骨架曲线的位移延性系数，非冻融损伤节段拼装试件的位移延性系数比整体现浇试件低 23%，比整体拼装试件的延性系数低 11%。

(2) 对比不同海水冻融循环次数后试件的骨架曲线可知：随着海水冻融循环次数的增加，峰值荷载逐渐降低，峰值位移逐渐延后，如图 3-22(b)所示。与编号 JP-F0 试件的骨架曲线对比，编号 JP-F5 试件骨架曲线的峰值荷载下降了 11%，其峰值位移延后 40%。对比不同海水冻融循环次数时试件的位移延性系数，试件的位移延性系数不受海水冻融循环次数的影响(表 3-5)。这可能是由于随着海水冻融循环次数的增加，试件初始刚度和屈服荷载的降低引起了屈服位移的增加，而峰值位移的增加同时会影响极限位移，由于屈服位移和极限位移的变化趋势相同，进而导致试验的位移延性系数发生不规则变化。

(3) 海水冻融循环 125 次时，对比不同轴压比、纵筋直径和箍筋间距试件的骨架曲线，如图 3-22(c)至图 3-22(e)所示。试验的轴压比从 0.15 提高到 0.3，骨架曲线的形状从相对“平坦”变得“陡峭”，即曲线的初始刚度增大。如图 3-22(c)所示，试件的峰值荷载提高了 15%，峰值位移下降了 40%。当试件的纵筋直径从 12 mm 提高到 16 mm，其峰值荷载和峰值位移分别增大了 27%和 20%，如图 3-22(d)所示。当试件的箍筋间距从 100 mm 减小到 50 mm，其峰值荷载基本保持不变，位移延性系数提高了 20%，如图 3-22(e)所示。

3.4.3 刚度退化

根据海水冻融循环后试件在低周往复荷载试验中的滞回曲线，获得相应刚度退化和加载位移幅值之间的关系，如图 3-23 所示。第 i 个周期的平均刚度 K_i 可以由各加载位移幅值在推拉方向的荷载点连线的斜率计算[式(3-4)]。

$$K_i = (|P_i^+|+|P_i^-|)/(|\Delta_i^+|+|\Delta_i^-|) \tag{3-4}$$

式中 K_i——第 i 个加载周期的平均刚度；

P_i^+——第 i 个周期在推方向的荷载；

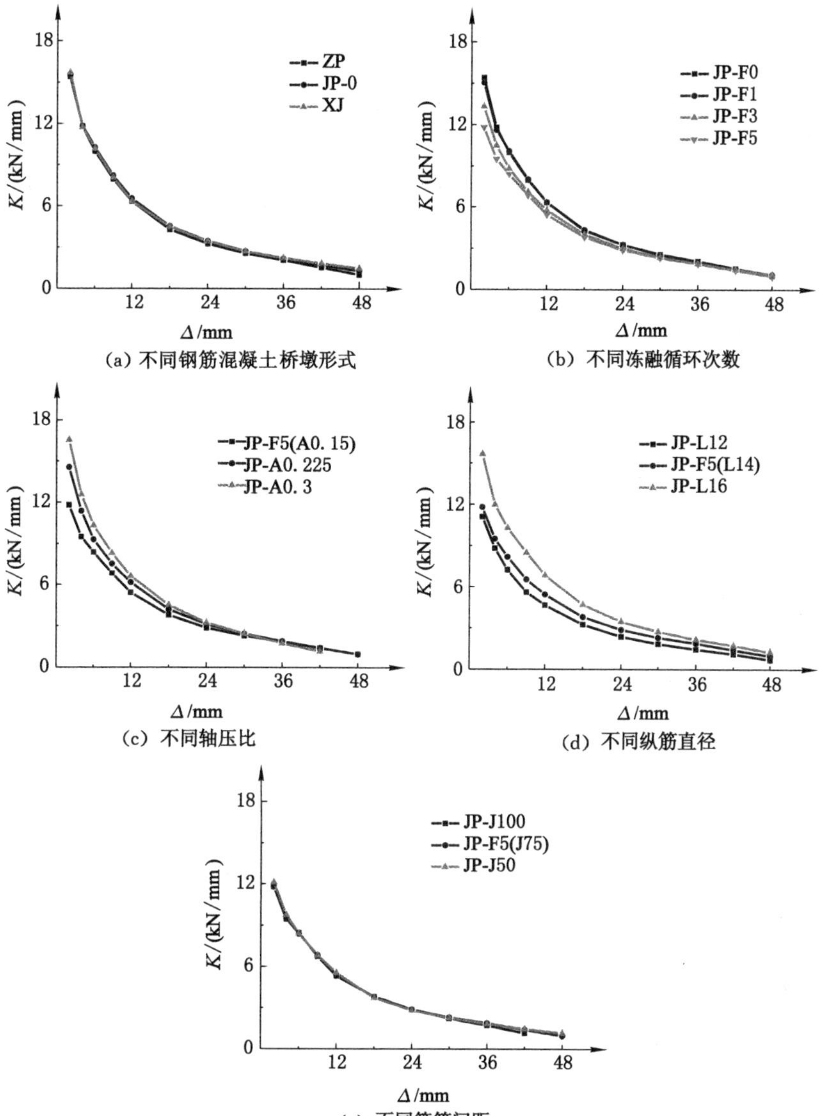

(a) 不同钢筋混凝土桥墩形式　(b) 不同冻融循环次数　(c) 不同轴压比　(d) 不同纵筋直径　(e) 不同箍筋间距

图 3-23　刚度退化曲线

P_i^-——第 i 个周期在拉方向的荷载；

Δ_i^+——第 i 个周期在推方向的位移；

Δ_i^-——第 i 个周期在拉方向的位移。

对比各参数时的刚度退化曲线，可以将海水冻融循环后试件在低周往复荷载试验中的刚度退化规律归纳如下：

(1) 整体现浇、整体拼装和非冻融损伤节段拼装试件的刚度退化曲线基本相同，如图 3-23(a)所示，说明本书设计的节段拼装形式可以代表现浇钢筋混凝土桥墩。

(2) 对比不同海水冻融循环次数后试件的刚度退化曲线可知：随着海水冻融循环次数的增加，试件的初始刚度逐渐降低，编号 JP-F5 试件的初始刚度比编号 JP-F0 试件降低了

24%,如图3-23(b)所示。试件的初始刚度由组成钢筋混凝土桥墩的钢筋和混凝土的平均弹性模量决定。随着海水冻融循环次数的增加,混凝土材料的强度和初始模量逐渐降低,在钢筋不发生任何变化的情况下,钢筋混凝土桥墩的初始刚度降低。在低周往复荷载试验中,当加载位移幅值达到±36 mm后,桥墩的混凝土逐渐剥落,试件的刚度主要由钢筋和核心混凝土提供,不同海水冻融循环次数后试件的刚度退化曲线基本相同。

(3) 海水冻融循环125次时,不同轴压比、纵筋直径和箍筋间距时的试件刚度退化曲线如图3-23(c)至图3-23(e)所示。试验过程中的轴压比从0.15增大到0.3会提高试件的初始刚度,试件的初始刚度提高了29%,如图3-23(c)所示。当试验的加载位移幅值超过±30 mm之后,不同轴压比试件的刚度退化曲线基本重合。随着试件的纵筋直径从12 mm提高到16 mm,试件的初始刚度提高,而刚度退化曲线的趋势基本相同,试件的初始刚度提高了30%,如图3-23(d)所示。改变试件的箍筋间距对其刚度退化的影响并不明显,如图3-23(e)所示。

3.4.4 耗能特性

本书通过低周往复荷载过程中的累积耗能来评价钢筋混凝土桥墩的耗能特性,根据不同设计参数试件的滞回曲线,获得相应的累积耗能和加载位移幅值之间的关系,如图3-24所示。第i个周期的累积耗能值为3圈滞回环面积与i-1个周期的累积耗能值之和,可以由式(3-5)计算。

$$E_{\mathrm{p}} = \sum_{i=1}^{n} E_{pi} \tag{3-5}$$

式中 E_{p}——钢筋混凝土桥墩累积耗能值;

$E_{\mathrm{p}i}$——第i周期的累积耗能值;

n——钢筋混凝土桥墩达到极限荷载前总的加载周期。

对比各参数时的累积耗能曲线,可以将海水冻融循环后试件在低周往复荷载试验时的耗能特性归纳如下:

(1) 整体现浇、整体拼装和非冻融损伤节段拼装试件的累积耗能曲线基本相同,如图3-24(a)所示,整体现浇试件的总体累积耗能比整体拼装试件和非冻融损伤节段拼装试件分别提高5%和7%,说明本书设计的节段拼装形式可以代表现浇钢筋混凝土桥墩。

(2) 对比不同海水冻融循环次数时试件在低周往复荷载试验中的累积耗能曲线可知:随着海水冻融循环次数的增加,试件的耗能能力降低,如图3-24(b)所示,编号JP-F5试件的总体累积耗能值比编号JP-F0试件仅降低了5%,表明海水冻融循环对钢筋混凝土桥墩的耗能特性影响不大。

(3) 海水冻融循环125次时,对比不同轴压比、纵筋直径和箍筋间距时试件刚度退化曲线,如图3-24(c)至图3-24(e)所示。试验过程中的轴压比从0.15增大到0.3时,试件的总体累积耗能先增加了9%,后减少了16%,如图3-24(c)所示,主要原因是轴压比为0.3时,试件在低周往复荷载试验中的极限位移幅值低于轴压比为0.15和0.225时,因此提高轴压比会降低试件的耗能能力。随着试件的纵筋直径从12 mm提高到16 mm时,试件的耗能能力提高,试件的总体累积耗能提高了30%,如图3-24(d)所示。随着试件的箍筋间距从100 mm减小到50 mm时,试件的耗能能力提高,试件的总体累积耗能提高了32%,如图3-24(e)所示,主要原因是箍筋间距为100时,试件在低周往复荷载试验中的极限位移幅值低于箍筋间距为75 mm

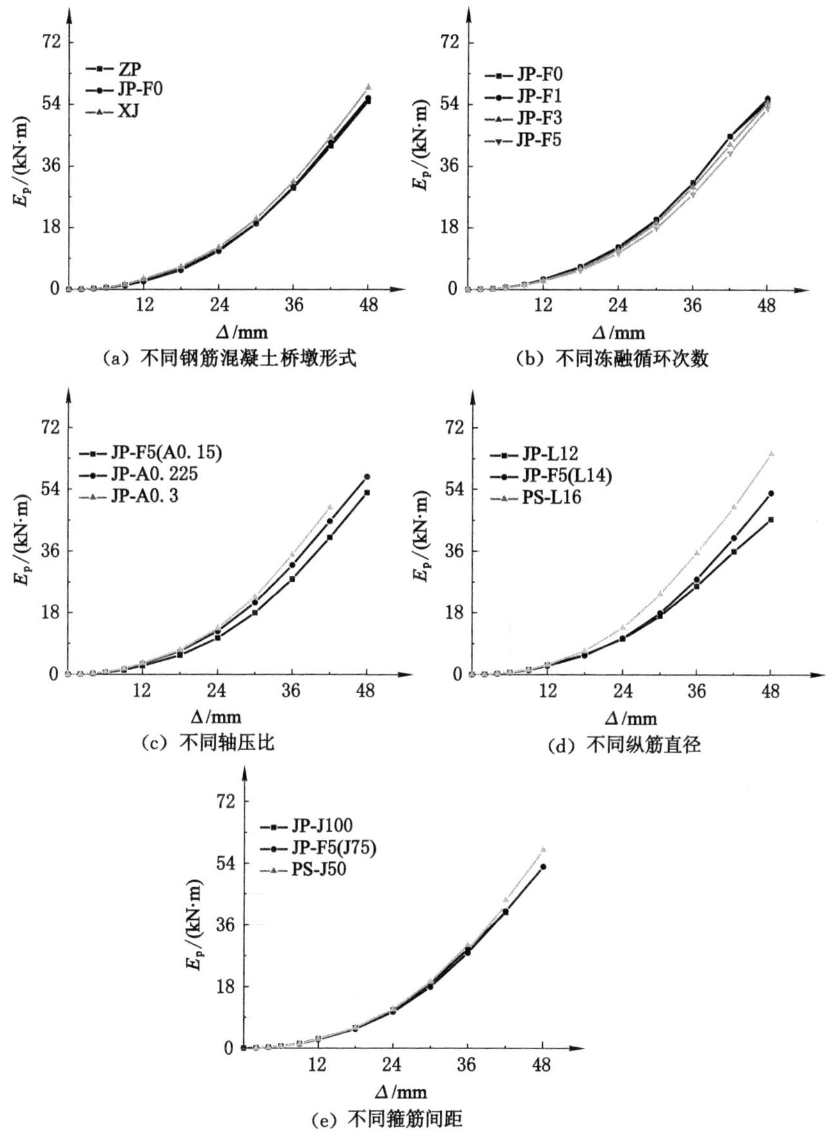

图 3-24 累积耗能曲线

和 50 mm 时的，因此降低箍筋间距会提高试件的耗能特性。

3.4.5 结果分析

通过分析各设计参数试件的滞回特性、骨架曲线、刚度退化以及耗能特性可知海水冻融循环后钢筋混凝土桥墩的抗震性能下降，其原因如下：

(1) 钢筋混凝土桥墩节段在海水冻融循环试验中，其重要的组成部分，即混凝土材料因为冻融循环作用和 NaCl 等盐溶质的存在而损伤。根据第 2 章的研究内容可知：海水冻融循环作用后混凝土材料的耐久性能和力学性能均严重劣化，其抗压强度的降低是造成钢筋混凝土桥墩在低周往复荷载试验中峰值荷载降低的主要因素。

(2) 在海水冻融循环作用的过程中，由于 NaCl 等盐溶质的存在，增大了混凝土孔隙内部的结晶压力和渗透压力，进而使得孔隙的扩张速率增大，形成的微裂缝使得混凝土内部结构变疏松。结合第 2 章材料试验的研究结果可知：随着海水冻融循环次数的增加，混凝土材料的初始刚度、加卸载刚度均降低，且由于压实作用使得峰值应变增加，混凝土材料的内部结构变疏松。在海水冻融循环后钢筋混凝土桥墩的低周往复荷载试验中，由于混凝土材料峰值应变增大，直接影响了钢筋混凝土桥墩的峰值位移。混凝土材料初始模量的降低，引起钢筋混凝土桥墩初始刚度降低。低周往复荷载试验过程中加卸载路径所围成滞回环的饱满度降低，即耗能能力降低。

（3）海水冻融循环 125 次时，对比分析不同轴压比、纵筋直径和箍筋间距对钢筋混凝土桥墩抗震性能的影响。在海水冻融循环试验中，表面保护层混凝土受海水冻融循环作用的影响相对较大，而箍筋以内的混凝土受海水冻融循环作用的影响相对较小。混凝土材料在海水冻融循环作用下发生损伤，其轴心抗压强度降低。当提高低周往复荷载试验中的轴压比时，钢筋混凝土桥墩的保护层的混凝土会因为轴心抗压强度较低而过早剥落，竖向轴力和水平荷载主要由核心混凝土和纵向钢筋提供，使得钢筋混凝土桥墩的极限位移减小，进而导致位移延性和累积耗能显著降低，如图 3-22(c)和图 3-24(c)所示。在钢筋混凝土桥墩中，纵向钢筋为主要的耗能材料，混凝土为次要的耗能材料。当钢筋混凝土桥墩遭受严重的冻融损伤后，混凝土耗能占钢筋混凝土桥墩总体耗能的比例减小，纵向钢筋耗能占钢筋混凝土桥墩总体耗能的比例增大。当提高钢筋混凝土桥墩纵向钢筋的直径时，钢筋混凝土桥墩的初始刚度和总体累积耗能均极大提高，如图 3-23(d)和图 3-24(d)所示。提高钢筋混凝土桥墩的箍筋间距会增大箍筋对其内部混凝土的约束作用，可以提高低周往复荷载试验过程中的加载位移幅值，进而提高钢筋混凝土构件的耗能能力，如图 3-24(e)所示。

3.5 本章小结

本书对不同海水冻融循环次数、轴压比、纵筋直径和箍筋间距的钢筋混凝土桥墩进行了低周往复荷载试验，对比分析了试验现象、滞回特性、骨架曲线、刚度退化和耗能特性等指标，以评估海水冻融循环后钢筋混凝土桥墩的抗震性能，得出如下结论：

（1）不同设计参数的试件在低周往复荷载试验中，试件的破坏形式并未发生变化（均为弯曲破坏），其横向裂缝、斜向裂缝和混凝土压溃剥落的规律基本相同；相同设计参数时，随着海水冻融循环次数的增加，试件的残余位移逐渐减小，加卸载路径所围成滞回环的饱满度逐渐降低；混凝土剥落时的加载位移幅值逐渐减小，且发生压溃剥落现象后的混凝土呈现石子与砂浆分离的状态。

（2）整体现浇、整体拼装和节段拼装试件在低周往复荷载试验中的骨架曲线基本相同。相同设计参数时，随着海水冻融循环次数的增加，试件在低周往复荷载试验中的承载力、初始刚度和总体累积耗能均逐渐降低，而峰值位移逐渐提高；海水冻融循环次数对试件位移延性的影响并不大。

（3）相同海水冻融循环次数（125 次）时，改变低周往复荷载试验的轴压比，试验获得骨架曲线的形状从“平坦”变得“陡峭”，试件的耗能能力因极限加载位移幅值的变化而改变；增大试件的纵筋直径时，试件的初始刚度、承载能力和耗能能力显著提高；增大试件的箍筋间距时，试验获得的骨架曲线的位移延性提高，试件的耗能能力也提高，但是承载能力无明显变化。

4　海水冻融循环后钢筋混凝土桥墩冻融深度研究

4.1　引言

钢筋混凝土桥墩在冻融循环作用下会产生冻融损伤，且冻融损伤的分布不均匀，极有可能出现表层混凝土已产生冻融损伤，而内部核心混凝土并未产生损伤的情况。在冻融循环后钢筋混凝土桥墩的数值模拟中，考虑冻融损伤的不均匀特性，即钢筋混凝土桥墩的冻融深度和混凝土的非均质性，比先入为主地认为钢筋混凝土桥墩发生了全截面的损伤更能反映真实情况。本书采用超声层析成像技术对海水冻融循环后钢筋混凝土桥墩的预制节段进行了测试，绘制了混凝土内部冻融损伤的分布云图，进而确定钢筋混凝土桥墩冻融深度与海水冻融循环次数之间的关系。以混凝土试件的传热试验为基础，结合热力学原理，给出钢筋混凝土桥墩极限冻融深度的数值模拟方法，为近海桥梁钢筋混凝土桥墩的设计和数值模拟分析提供依据。

4.1.1　海水冻融循环后钢筋混凝土桥墩超声层析成像

当声波的振动频率超过 20 kHz 时，人耳已无法感知（人耳感知范围为 20 Hz～20 kHz），称为超声波。超声波可以在不同的媒介中传播，且具有传播距离远、波长短、方向性强、能量易集中、反射性强等优点。由于超声波在传播过程中不会对钢材和混凝土等材料造成额外的损伤，在土木工程领域得到了广泛的应用。尤其是针对钢筋混凝土构件的检测领域，超声波无损检测技术已经成为该领域的主要检测手段。表征超声波特性的基本参数有周期 T、频率 f、振幅 A、波长 λ、波速 v 等。

采用超声波技术对钢筋混凝土构件进行检测的工作原理如下：① 将超声波的发射探头和接收探头紧密地贴合在待测构件的表面，探头的具体位置视情况而定；② 通过信号检测设备可以读取探头之间超声波在传播过程中携带的信息，如波速、振幅、频率、波形等；③ 通过分析测区内超声波信息的变化，即可定量或定性地评价钢筋混凝土构件内混凝土的强度降低、内部缺陷等损伤，进而实现对钢筋混凝土构件安全性能的评价和监控。本书采用超声波检测技术中较为成熟的超声层析成像技术，确定钢筋混凝土桥墩在海水冻融循环作用后的内部损伤。

4.1.2 层析成像数学理论基础

超声层析成像技术的数学理论基础是 Radon 变换及其逆变换，Radon 变换是一种泛函算子，其数学意义是将给定图像函数沿给定的直线进行积分，得到图像的投影函数。以投影函数为基础，通过 Radon 逆变换重建图像函数。下面简要介绍相关的基本概念。

二维空间内的连续图像在数学上可以用图像函数 $u(r,\varphi)$ 来描述，对图像函数 u 的 Radon变换记为 Ru，其逆变换记作 $R^{-1}[\mathrm{Ru}]$。图 4-1 为 Radon 变换示意图，在极坐标系中，任意一条直线 L 如式(4-1)。

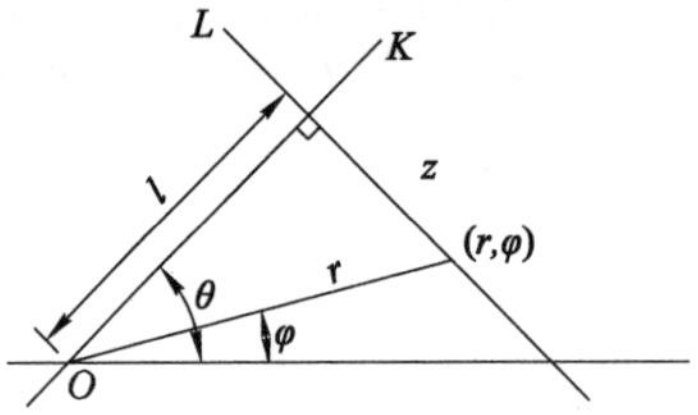

图 4-1　Radon 变换示意图

$$l = r\cos(\theta - \varphi) \tag{4-1}$$

式中　l——原点到直线的垂直线长；

　　　θ——法线与极轴的交角。

对于实数对(l,θ)，函数 $u(r,\varphi)$的 Radon 变换定义为式(4-2)。

$$\mathrm{Ru}(l,\theta) = \int_L u(r,\varphi)\mathrm{d}s \quad (0 \leqslant \theta \leqslant 2) \tag{4-2}$$

式中，l 在实数范围内取值；ds 为线长微元。

在极坐标系中，连续图像的重建算法是根据图像函数的投影值 $\mathrm{Ru}(l,\theta)$求得图像函数 $u(r,\varphi)$的估计值。采用 Radon 逆变换以实现图像 $u(r,\varphi)$的重建，Radon 逆变换满足式(4-3)。

$$R^{-1}[\mathrm{Ru}] = u \tag{4-3}$$

对于采用极变换表示的投影函数 $\mathrm{Ru}(l,\theta) = p(l,\theta)$，其 Radon 逆变换可以表示为式(4-4)。

$$u(l,\theta) = R^{-1}p(r,\varphi) = \frac{1}{2\pi^2}\int_0^{\pi}\int_{-\infty}^{+\infty}\frac{p_l(l,\theta)}{r\cos(\theta-\varphi)-l}\mathrm{d}l\mathrm{d}\theta \tag{4-4}$$

式中，$p_l(l,\theta) = \partial p/\partial l$，为 $p(l,\theta)$关于 l 的偏导数。

式(4-4)在理论上给出了由图像函数 u 投影重建图像的方法，其重建的条件是：函数投影射线的入射转角需在$[0,\pi]$区间内是连续的，函数投影数据也需要完整且准确。在实际测量中，由于没有足够多的投影数据，经过重建的图像无法达到绝对精确，因此需要采用数学解法近似获得图像函数 u 的近似解，可以采用联合迭代重建(SIRT)算法近似获得图像函数 u。

4.1.3 联合迭代重建算法

根据超声波测试仪探头的尺寸对混凝土的测区进行网格划分，如图 4-2 所示，混凝土测区共划分为 $p \times q = m$ 个网格，T 和 R 分别代表超声波测试仪的发射探头和接收探头，共有

n 条超声波射线穿过混凝土测区。根据 Radon 变换可得到超声波在混凝土测区内的走时与慢度之间的关系如式(4-5)所示。

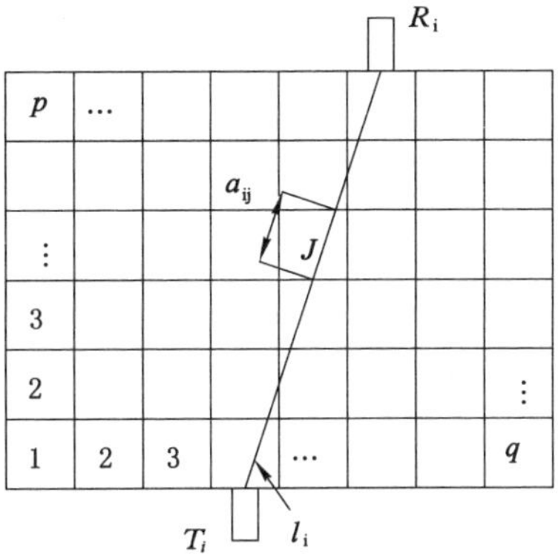

图 4-2　混凝土测区网格

$$\tau_i = \int_{l_i} \frac{1}{v_j(x,y)} \mathrm{d}l = \int_{l_i} f_j(x,y) \mathrm{d}l \tag{4-5}$$

式中　τ_i——第 i 条射线的走时；

$v_j(x,y)$——第 j 个成像单元内部的超声波速度；

$f_j(x,y)$——第 j 个成像单元内部的超声波慢度。

假设各成像单元内的超声波传播速度 $v_j(x,y)$ 为常数，则式(4-5)可以写成式(4-6)。

$$\tau_i = \sum_{j=1}^{m} a_{ij} f_j \tag{4-6}$$

式中　a_{ij}——射线 l_i 在第 j 个成像单元内的长度。

将式(4-6)级数展开，并简化成矩阵方程[式(4-7)]。

$$\tau = \boldsymbol{A} f \tag{4-7}$$

式中，$\boldsymbol{A}$ 为函数投影矩阵，$\boldsymbol{A} = \begin{bmatrix} a_{11} & a_{12} & \cdots & a_{1m} \\ a_{21} & a_{22} & \cdots & a_{2m} \\ \vdots & \vdots & & \vdots \\ a_{n1} & a_{n2} & \cdots & a_{nm} \end{bmatrix}$。

方程式(4-7)定义为混凝土层析成像线性方程，且方程组为超定或欠定的。同时，考虑到每条超声波射线穿过的成像单元并不多，这使得投影矩阵 $\boldsymbol{A}$ 相对稀疏，因此混凝土层析成像线性方程并不存在常规意义的解，存在误差 e 使式(4-8)成立。

$$\boldsymbol{A} f = \tau + e \tag{4-8}$$

式(4-8)的求解方法是使得误差 $||e||^2$ 取得最小值，即可求出混凝土层析成像线性方程的修改值 $\hat{f}$，如式(4-9)所示。

$$||e||^2 = ||\tau - Au||^2 \tag{4-9}$$

本书采用联合迭代重建(simultaneous iterative reconstruction technique，简称 SIRT)算法求解误差函数，其优点是便于编程，计算误差不会累计，且能够较好利用投影矩阵 $\boldsymbol{A}$ 的稀疏性。SIRT 算法不仅是通过第 i 条射线在第 j 个成像单元的修改值 $\hat{f}_j^i$ 来计算新的修改值$\hat{f}_j^{i+1}$，还是通过第 q 轮穿过第 j 个成像单元的所有射线在迭代后的平均值 $\Delta\overline{f}_{j,q}$ 和式(4-10)对第 j 个成像单元进行修改，结果代入下一轮轮迭代中。

$$\hat{f}_{j,q+1} = \hat{f}_{j,q} + \Delta\overline{f}_{j,q} \tag{4-10}$$

SIRT 算法的优点：某个成像单元的平均修正值是由穿过此单元的所有射线的修正值来确定的，这样可以使得计算结果的误差更小。SIRT 算法的基本流程如下：

(1) 为混凝土测区截面每个成像单元赋予初始慢度$\hat{f}_j^0$。

(2) 根据 SIRT 算法的迭代修改公式，如式(4-11)所示，对混凝土测区内每个成像单元的慢度进行修正。

$$\hat{f}_{j,q+1} = \hat{f}_{j,q} + \frac{\sum_{j}^{J} a_{ij}(\hat{\tau}_i - \hat{\tau}_{i,q}) / \sum_{i=1}^{I} a_{ij}}{\mu + \sum_{i=1}^{I} a_{ij}} \tag{4-11}$$

式中 μ——迭代过程中的松弛系数，其作用是调整迭代过程的速度。

(3) 不间断地对成像单元的慢度进行迭代和修正，直到满足规定的误差要求，结束进程并重建混凝土测区图像。

4.1.4 冻融节段超声层析成像试验

在钢筋混凝土桥墩的冻融节段拼装之前，利用 Pundit Lab 混凝土超声波测试仪对海水冻融循环后冻融节段进行超声层析成像试验。海水冻融损伤后冻融节段的表面较粗糙，尤其是遭受冻融循环次数较多的试件，如图 3-10 所示。为防止表面粗糙影响测试结果，根据经验在冻融节段的表面贴上了绝缘胶带，用于提高节段表面的光滑性，同时在胶带表面标出测试位置，便于测试过程中探头的定位。

本书选择冻融节段 1/2 和 1/4 的截面作为测区，分别测量 3 个截面的声时数据，选取超声波射线能量衰减较小、重复测试结果相对稳定的截面声时作为该冻融节段的测试结果。测试方法示意图如图 4-3 所示，混凝土超声波测试仪的发射和接收探头保持着相同高度，以平测方法测量相同高度测点之间的声时。采用相同的测试方法对冻融节段测区的横向和纵向 4 个侧面的直线声时进行了测量。

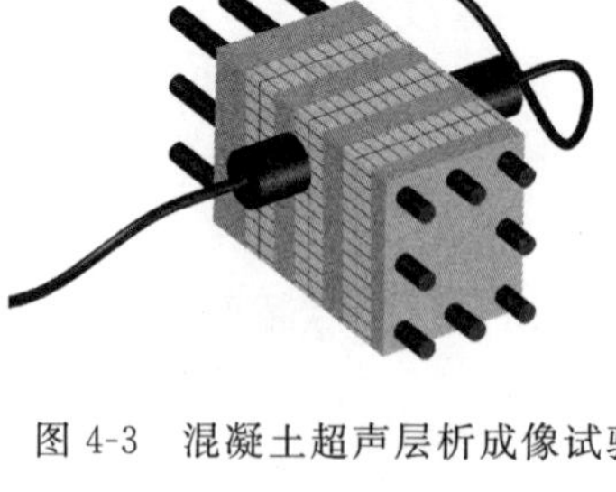

图 4-3 混凝土超声层析成像试验

冻融节段超声层析成像试验后，利用 MATLAB 软件进行编程计算，绘制不同冻融节段的扫描图片，如图 4-4 所示。其中，试件 JP-F0 到试件 JP-F5 分别遭受 0～125 次海水冻融循环作用。观测扫描图片可知：在海水冻融循环次数 $N \leqslant 25$ 次时，冻融节段没有明显的冻融损伤界限。当海水冻融循环次数 $N \geqslant 50$ 次时，钢筋混凝土节段出现明显的冻融损伤界限。随着海水冻融循环次数 N 的增加，冻融节段内部发生冻融损伤的面积逐渐增大。以 10 mm 为间隔测量扫描图片内深色区域边缘到冻融节段边缘的长度，计算不同海水冻融循环次数后冻融节段的平均冻融深度，其结果与试验现象对照，见表 4-1。

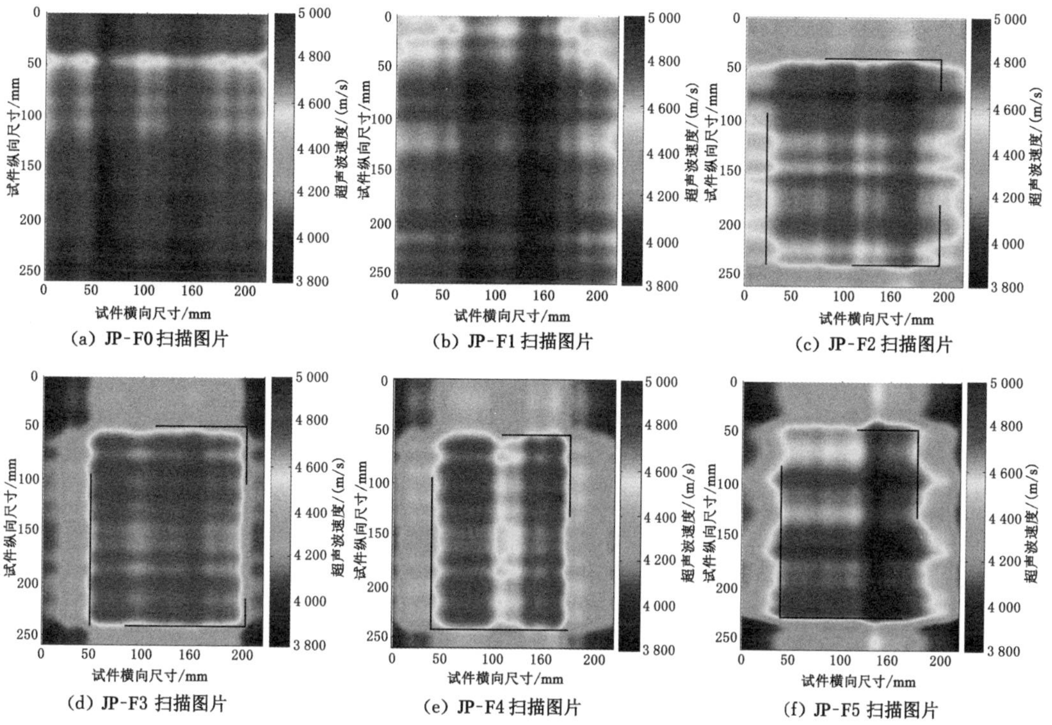

图 4-4　混凝土超声层析成像结果

表 4-1　钢筋混凝土节段的冻融深度与试验现象对比

N/次	h_D/mm	海水冻融循环试验现象
0	0	无明显现象
25	0	试件表面水泥砂浆轻微剥落
50	18	试件表面水泥砂浆大面积剥落
75	35	粗骨料掉落，试件表面缺陷深度逐渐加深
100	45	试件表面水泥砂浆持续剥落，粗骨料持续掉落
125	52	试件表面水泥砂浆基本完全剥落，边角出现轻微膨胀变形

获得不同钢筋混凝土节段平均冻融深度 h_D 与海水冻融循环次数 N 之间的关系，如图 4-5 所示，对试验数据进行拟合确定了二者之间的关系式，如式(4-12)所示。

$$h_D = 55.9 - \frac{55.8}{1 + \left(\frac{N}{64.2}\right)^{3.4}} \tag{4-12}$$

由图 4-5 与试验现象对比可知：在冻融循环试验的初期（$N \leqslant 25$ 次），钢筋混凝土节段除

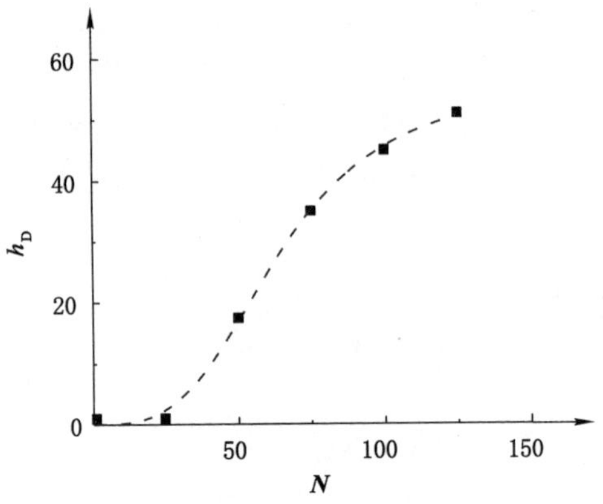

图 4-5　冻融深度和海水冻融循环次数之间的关系曲线

表面水泥砂浆轻微剥落外无其他现象，节段平均冻融深度的增速相对缓慢。当钢筋混凝土节段表面的水泥砂浆开始大面积剥落后（$N \geqslant 50$ 次），其平均冻融深度的增速逐渐加快。在冻融循环试验的后期（$N \geqslant 100$ 次），钢筋混凝土节段表面水泥砂浆持续剥落，其平均冻融深度的增速逐渐减小。

4.1.5　试验结果分析

混凝土材料受到冻融循环作用发生损伤的过程相对复杂，需要考虑在正负温度循环交替过程中水在混凝土中的渗透率、混凝土内部孔隙溶液的相对饱和度以及混凝土内部温度分布等因素的影响。分析试验结果并给出合理推测：

（1）钢筋混凝土节段在进行快速冻融循环试验之前需要浸泡在天然海水中饱水。由于节段表面水泥砂浆相对密实，此时混凝土内部渗透率较低，只有表层孔隙能够吸收溶液达到较高的相对饱和度；在快速冻融循环试验初期，混凝土内部静水压力和渗透压力的合力在疲劳作用下并未达到孔隙周围硬化水泥砂浆的抗拉强度，除边角外混凝土内部未出现明显冻融循环，钢筋混凝土节段的冻融深度提高不明显。

（2）根据 1.2.1 节介绍的黏结剥落原理，钢筋混凝土节段表面结冰的厚度随着海水冻融循环次数的增加而逐渐增大，考虑到 NaCl 溶质的存在，节段表面水泥砂浆在冻融循环作用影响下剥落。此过程可以对应第 2 章试验中混凝土试件饱水率下降阶段，此时混凝土内部渗透率提高，内部孔隙的吸水能力增强；当混凝土内部孔隙溶液达到临界相对饱和度时，孔隙内部静水压力和渗透压力的合力在疲劳作用下超过孔隙周围硬化水泥砂基体的抗拉强度时，混凝土会发生冻融循环；随着冻融损伤而导致劣化，混凝土内部溶液渗透速率和深度均提高，引起更严重的损伤，并逐渐形成恶性循环。此阶段对应图 4-5 冻融损伤深度随海水冻融循环次数的增加而迅速提高的过程。此时，钢筋混凝土桥墩的冻融深度受混凝土内部水渗透和氯离子渗透的共同影响。当混凝土内部孔隙的相对含水率达到某特定值时，孔隙内静水压力和渗透压力的合力会超过水泥基体的抗拉强度，进而产生冻融损伤。浸泡溶液中氯离子的存在会影响混凝土孔隙内的静水压力和渗透压力，进而影响冻融损伤的程度。

（3）在快速冻融循环试验的后期，钢筋混凝土桥墩表面有粗骨料裸露，此时已无完整水泥砂浆阻止溶液渗透。随着海水冻融循环次数的增加，钢筋混凝土桥墩混凝土的渗透率和孔隙溶液的饱和度逐渐提高，此时桥墩冻融深度增长缓慢。当冻融循环次数达到 125 次时，钢筋混凝土桥墩处于完全饱水状态，其内部的相对含水率 w/w_b 近似等于 100%。在室内快速冻融循环试验中，仪器内部温度的上下限已经固定，进而可以确定混凝土内部温度分布，存在某一深度以下混凝土内部孔隙溶液在降温过程中无法达到冻结温度，进而不会因为冻结-融化过程循环作用而产生损伤，此时桥墩冻融深度与冻融循环次数无关。本书将此种情况（只与温度上下限有关）的冻融深度定义为极限冻融深度 h_u。建造于近海地区的钢筋混凝土桥墩长期处于海水浸泡环境中，其混凝土内部的孔隙溶液处于饱和状态，相对含水率近似等于 100%，与上述情况相似。因此，可以用极限冻融深度 h_u 表示近海钢筋混凝土桥墩发生冻融损伤时的冻融深度 h_D，并需要采取有效的方法对钢筋混凝土桥墩的极限冻融深度 h_u 进行确定。

4.2　极限冻融深度

一些学者针对钢筋混凝土梁的冻融深度进行了研究，通过确定混凝土内部的温度分布以及孔隙中水的冻结温度，进而确定钢筋混凝土梁在冻融循环作用下的冻融深度。本书通过确定海水冻融循环后钢筋混凝土桥墩内的温度分布以及混凝土孔隙内盐溶液的冻结温度，进而确定钢筋混凝土桥墩的极限冻融深度 h_u。

本书拟采用数值模拟方法确定钢筋混凝土桥墩内混凝土的温度分布。为了确保数值模拟方法获得的温度分布正确，需要通过试验方法验证数值模拟方法的准确性。本书采用空气环境下混凝土试件的升降温试验，对数值模拟方法进行验证。在空气环境中对混凝土试件进行试验，具有试验空间大、干扰条件少等优点，可以更好地反映混凝土在流体环境中的传热过程，并为数值模拟方法的验证提供依据。

4.2.1　混凝土试件在空气中的传热试验

混凝土试件在空气中的传热试验在大连理工大学桥隧研发基地的环境模拟实验室内进行，试验所用的混凝土试件设计如图 4-6 所示，混凝土圆柱试件的直径和高度分别为 500 mm 和 250 mm。在混凝土圆柱试件的顶底面制作隔热层，其作用是使传热过程只发生在混凝土圆柱试件的侧表面，顶底面隔热层采用发泡剂制作，其直径和高度分别为 700 mm 和 250 mm。隔热层发泡剂和混凝土试件间的缝隙用玻璃胶填充，防止因缝隙导致隔热作用失效。

在混凝土试件的传热试验中，本书采用热电阻测温计测量混凝土内部的温度，测温计的型号为 pt100，如图 4-7(a)所示。试验所用的信号采集装置为扬州晶明科技有限公司生产的无线动静态应变采集仪，其型号为 JM3844，如图 4-7(b)所示。在混凝土试件的内部共放置 8 个测温计(编号为 2-9)，2-6 号测温计以 50 mm 等间隔排列于混凝土圆柱试件的水平中线上，用于测量混凝土试件内部的温度分布，如图 4-6 所示。编号 7 测温计放置在混凝土圆柱试件的上表面(插入混凝土表面中)，其剖面坐标与编号 6 测温计相同，目的是验证隔热层的保温效果是否有效。编号 8 和 9 两个测温计用于对比编号 4 和 2 两个测温计，用于验证混凝土圆柱试件内部各半径间的传热是否均匀。在混凝土圆柱试件的外部(靠近但不接触试件的表面)悬挂 1 个测温计(编号 1 测温计)，用于测量环境模拟实验室内的温度变化情况。

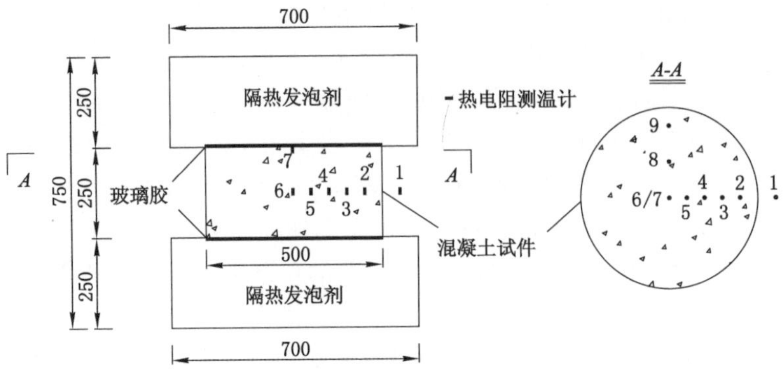

图 4-6　传热试验混凝土试件的设计图

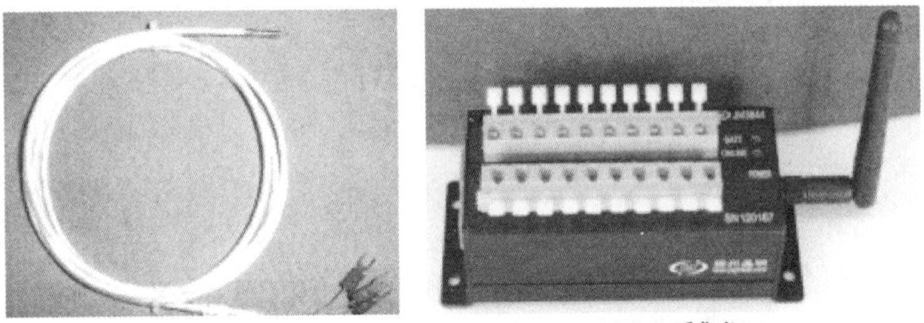

(a) 测温计　　(b) 采集仪

图 4-7　温度采集设备

本书采用钢板、木板、螺杆和螺母制作的混凝土圆柱试件模板如图 4-8(a)所示。浇筑混凝土并用振捣棒振捣直至翻浆，试验所用混凝土与第 2 章反复压缩试验所用混凝土相同，配合比见表 2-1。插入定长的细螺杆用于测温计的定位，当混凝土浇筑半个小时后将细螺杆拔出，盖上顶面模具并插入测温计，其中顶面模具已经穿孔，如图 4-8(b)所示，测温计插入约 125 mm。浇筑混凝土 2 d 后拆除模具，洒水、覆盖养护 28 d 后的试件如图 4-8(c)所示。

(a) 支模和浇筑　　(b) 测温计定位　　(c) 传热试件

图 4-8　传热试件制作过程

为确保传热过程只发生在混凝土圆柱试件的侧表面，需要在试件的顶底面添加隔热层。隔热层的填充物选择隔热性能较好的聚氨酯发泡剂，其优点是隔温效果良好，发泡反应时间较短，且具有一定的强度。采用钢板、木板和螺杆制作隔热层的模板，如图 4-9(a)所示，在隔热层顶板上开孔的目的是用以倒入聚氨酯发泡剂。计算所需聚氨酯发泡剂的体积，将 AB 液体进行混合，快速搅拌之后将混合溶液均匀倒入隔热层模板之中，几分钟后发泡反应基本结束，发泡剂填满隔热层，如图 4-9(b)所示。顶底面隔热层的制作方法相同，试件隔热层制作完成如图 4-9(c)所示。

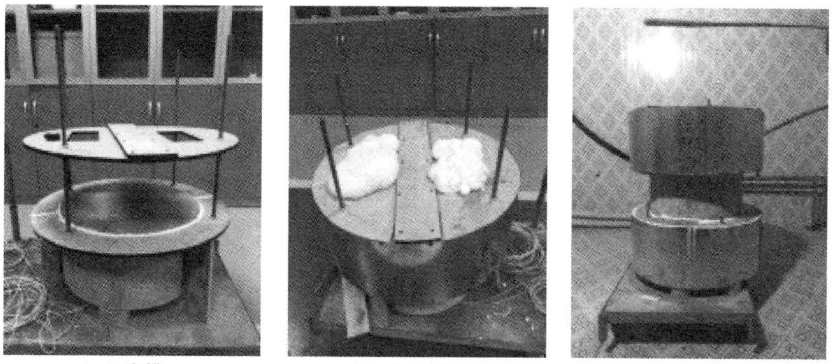

(a) 支模　　(b) 发泡剂发泡　　(c) 试验试件

图 4-9　隔热层制作过程

将制作完成的传热试件推入环境模拟实验室内并封闭出入口，静止超过 2 d 后试件内部测温计的读数与实验室内环境温度基本相等且保持恒定，按照以下步骤进行传热试验(试验结果如图 4-10 所示)：

① 在混凝土试件的降温试验中，实验室以及试验试件的初始温度为 14 ℃(室内温度)，设定目标温度为－10 ℃。

② 降温试验进行半小时后，1 号测温计测量出实验室内的环境温度达到目标温度－10 ℃，继续试验 48 h 后停止试验，获得混凝土圆柱体试件内部温度各测点的温度，如图 4-10(a)至图 4-10(c)所示，编号用符号“#”代替。

③ 在混凝土试件的升温试验中，实验室以及试验试件的初始温度为 13.7 ℃(室内温度)，设定目标温度为 32 ℃。

④ 升温试验进行半小时后，1 号测温计测量出实验室内的环境温度达到目标温度 32 ℃，继续试验 48 h 后停止试验，获得混凝土圆柱体试件内部温度各测点的温度，如图 4-10(d)至图 4-10(f)所示，编号用符号“#”代替。

对比编号 2 和 9、编号 4 和 8 测点的测温计测试结果表明：混凝土圆柱试件各半径间的传热较为均匀，2-6 号测温计的试验结果可以表征混凝土圆柱试件内部的温度分布。对比编号 6 和 7 测点的测温计测试温度结果可知：混凝土试件保温层的保温效果良好，传热过程只发生在混凝土圆柱试件的侧表面。

4.2.2　传热试验的数值模拟

本书采用 COMSOL Multiphysics 软件对混凝土圆柱试件在空气中的传热试验进行数值模拟，以验证数值模拟方法的有效性。COMSOL Multiphysics 软件是一款多物理场仿真计算的有限元分析软件，且具有以下特点：

(1) 用户可以选择或者自定义不同专业的偏微分方程，进而轻松实现多物理场的耦合分析。

(2) 支持对求解、材料属性、边界条件、荷载函数的参数控制。

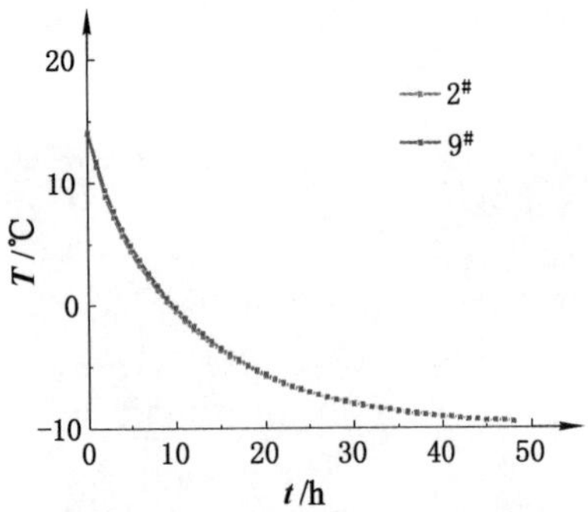

(a) 降温试验中 2# 和 9# 测温计测量温度对比

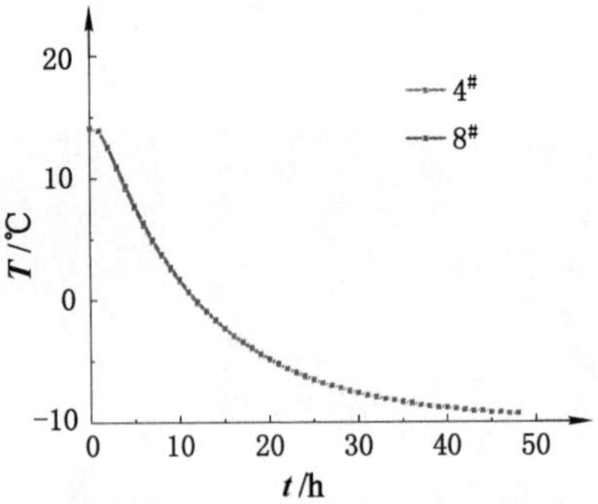

(b) 降温试验中 4# 和 8# 测温计测量温度对比

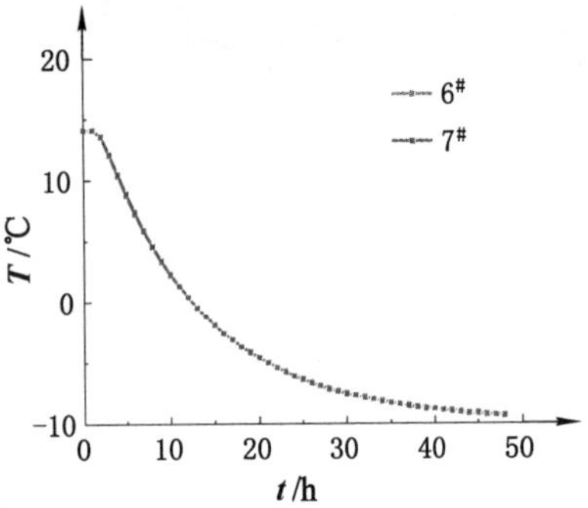

(c) 降温试验中 6# 和 7# 测温计测量温度对比

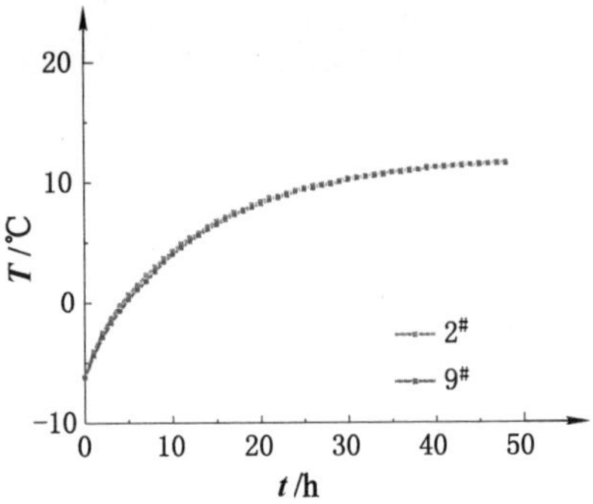

(d) 升温试验中 2# 和 9# 测温计测量温度对比

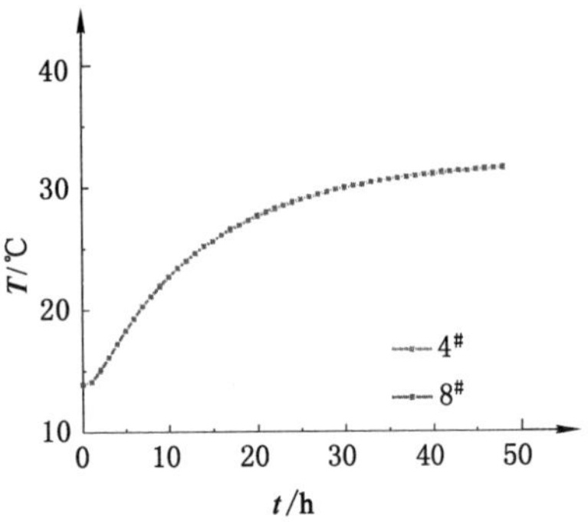

(e) 升温试验中 4# 和 8# 测温计测量温度对比

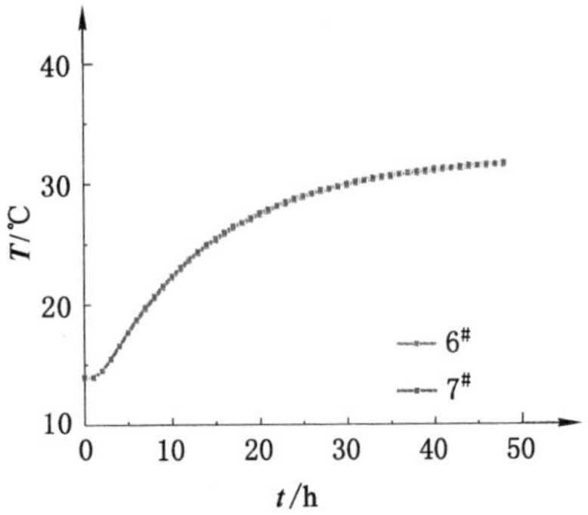

(f) 升温试验中 6# 和 7# 测温计测量温度对比

图 4-10　传热试验结果

(3) 软件内置多种常用材料的物理模型,用户可以根据需要进行选择,以及进行必要的修改。

(4) 软件内嵌强大的 CAD 建模工具,用户可以在软件中直接进行二维和三维的建模。

(5) 软件具有丰富的后期处理功能,可以根据用户的要求进行数据、曲线、图形以及动画的输出与分析。

本书针对混凝土在空气中的传热试验的数值模拟属于传热学中固体传热领域,已知固体中的热传导微分方程:

$$\rho c_p \frac{\partial T}{\partial t} = -\left(\frac{\partial q_x}{\partial x} + \frac{\partial q_y}{\partial y} + \frac{\partial q_z}{\partial z}\right)\mathrm{d}x\mathrm{d}y\mathrm{d}z + q_V \tag{4-13}$$

式中 ρ——混凝土密度；

c_p——混凝土的质量定压热容；

T——温度；

t——时间；

q_x, q_y, q_z——热流密度矢量沿 x 轴、y 轴、z 轴的分量；

q_V——单位体积单位时间内固体内热源所发出的热量。

根据傅立叶定律，热流矢量和温度梯度之间的关系如式(4-14)所示。

$$q = -\lambda \mathbf{grad}\ T \tag{4-14}$$

式中 λ——混凝土的导热系数。

则热传导微分方程式(4-13)可以简化为式(4-15)。

$$\frac{\partial T}{\partial t} = \frac{\lambda}{\rho c_p}\left(\frac{\partial^2 T}{\partial x^2} + \frac{\partial^2 T}{\partial y^2} + \frac{\partial^2 T}{\partial z^2}\right) + \frac{q_V}{\rho c_p} \tag{4-15}$$

本书的数值模拟对象为圆柱形混凝土试件，采用圆柱坐标(r,φ,z)更合适，则传热方程坐标变换后如式(4-16)所示。

$$\frac{\partial T}{\partial t} = \frac{\lambda}{\rho c_p}\left(\frac{\partial^2 T}{\partial r^2} + \frac{1}{r}\frac{\partial T}{\partial r} + \frac{1}{r^2}\frac{\partial^2 T}{\partial \varphi^2} + \frac{\partial^2 T}{\partial z^2}\right) + \frac{q_V}{\rho c_p} \tag{4-16}$$

在本书混凝土圆柱试件的传热试验中，传热过程仅发生在半径 r 方向，ϕ 和 z 均为常数，且在试件内部并无内热源 q_V，则式(4-16)可以进一步简化为式(4-17)。

$$\frac{\partial T}{\partial t} = \frac{\lambda}{\rho c_p}\left(\frac{\partial^2 T}{\partial r^2} + \frac{1}{r}\frac{\partial T}{\partial r}\right) \tag{4-17}$$

以固体热传导微分方程式(4-17)为基础，可以建立混凝土内部、试件和空间之间温度的关系。为了对混凝土圆柱试件的传热试验进行数值模拟，需要确定混凝土材料的导热系数 λ 和质量定压热容 c_p。

导热系数是传热过程数值模拟的重要参数，其物理意义是单位长度材料升高或降低 1 K 时需要吸收或放出的能量。普通混凝土材料的导热系数与材料的温度有关。在本书的数值模拟过程中混凝土材料的导热系数按照式(4-18)计算。

$$\lambda = -246.3 + 3.4T_K - 0.02T_K^2 + 3.9\times10^{-5}T_K^3 - 3.2\times10^{-8}T_K^4 \tag{4-18}$$

式中 T_K——混凝土的开尔文温度。

质量定压热容 c_p的物理意义：单位质量材料升高或降低 1 K 时所吸收或放出的热量。影响混凝土材料质量定压热容的因素比较多，影响相对较大的是混凝土材料的粗骨料和水的用量，而水灰比和龄期对其影响并不明显。采用加权平均的方法计算混凝土材料的质量定压热容。

$$c_p = \frac{\sum w_i c_{pi}}{\sum w_i} \tag{4-19}$$

式中 c_p——混凝土的质量定压热容；

c_{pi}——混凝土各组成部分的比热容；

w_i——混凝土各组成部分的质量分数。

根据式(4-19)以及本书混凝土的配合比(表 2-1)确定数值模拟中混凝土材料质量定压热容为 922.2 J/(kg·K)。

固体内部热传导过程发生的原因是固体和周围环境存在某种程度的相互联系。反映固体边界与周围环境相互作用的条件称为边界条件。常见的边界条件有三类表达方式：

(1) 已知任意时刻固体边界面上的温度值为第一类边界条件，即式(4-20)。

$$T|_{s} = T_{w} \tag{4-20}$$

式中 下标 s——边界面；

T_w——温度在边界面 s 上的给定值。

(2) 已知任意时刻固体边界面上的热流密度为第二类边界条件，如热辐射过程产生的热流密度等，可以表示为式(4-21)。

$$q|_{s} = q_{w} \tag{4-21}$$

即

$$-\left.\frac{\partial T}{\partial r}\right|_{s} = \frac{q_{w}}{\lambda} \tag{4-22}$$

式中 q_w——热流密度在边界面 s 上的给定值。

(3) 第三类边界条件用于描述固体在流体环境中的对流换热过程。已知边界面周围流体温度 T_f 和边界面与流体之间的对流换热系数 h_c，根据牛顿冷却定律，固体边界面 s 与流体间的对流换热可以写成式(4-23)。

$$q = h_{c}(T|_{s} - T_{f}) \tag{4-23}$$

即

$$-\lambda\left.\frac{\partial T}{\partial r}\right|_{s} = h_{c}(T|_{s} - T_{f}) = h_{c}(T_{w} - T_{f}) \tag{4-24}$$

式中 h_c——对流换热系数；

T_f——变截面周围的流体温度。

混凝土结构在流体环境(空气或溶液)中的升降温过程，是热辐射过程和对流换热过程的叠加，其边界条件属于第二类边界条件和第三类边界条件。

热辐射过程是通过物质间发射电磁波的形式来传递能量，以达到热交换的目的，传热过程是由高温物质将能量传向低温物质。热辐射过程产生热流密度的边界条件可以按式(4-22)确定，混凝土边界面上的热流密度 q_x 可以采用式(4-25)计算。

$$q_{x} = \tau C_{0}\left[\left(\frac{T_{1}}{100}\right)^{4} - \left(\frac{T_{2}}{100}\right)^{4}\right] \tag{4-25}$$

式中 q_x——热辐射过程中传递的热流密度；

τ——固体表面的黑度，混凝土黑度取值为 0.94；

C_0——黑体辐射系数，取值 5.67；

T_1——高温物质的温度；

T_2——低温物质的温度。

对流换热过程产生热流密度的边界条件可以按式(4-24)确定，混凝土边界面与空气之间的对流换热系数 h_c 可以按式(4-26)计算。

$$h_{c} = 3.06v + 4.11 \tag{4-26}$$

式中 v——空气的流动速度，本书试验为自然对流换热过程，则 $v=0$。

本书采用多物理场仿真软件 COMSOL Multiphysics 对混凝土圆柱试件在空气中的升降温试验进行数值模拟。在本书混凝土圆柱试件的传热试验中，传热过程仅沿着半径 r 的方向传递，在建模过程中采用二维模型即可。根据混凝土圆柱试件的尺寸（圆柱试件的直径为 500 mm）建立分析模型，如图 4-11(a)所示。在固体材料属性中输入相应的参数，混凝土材料的密度 ρ 为 2 338.8 kg/m^3，导热系数 λ 按照式(4-17)输入，质量定压热容 c_p 为 922.2 J/(kg·K)。对流换热过程边界条件可以通过软件中内嵌的热通量边界实现，对流换热系数按式(4-26)计算。热辐射过程边界条件可以通过软件中内嵌的漫反射表面边界实现。根据本书混凝土圆柱试件的传热试验，对分析模型进行升降温试验的数值模拟，升降温 48 h 后模型的温度分布云图如图 4-11(b)和图 4-11(c)所示。

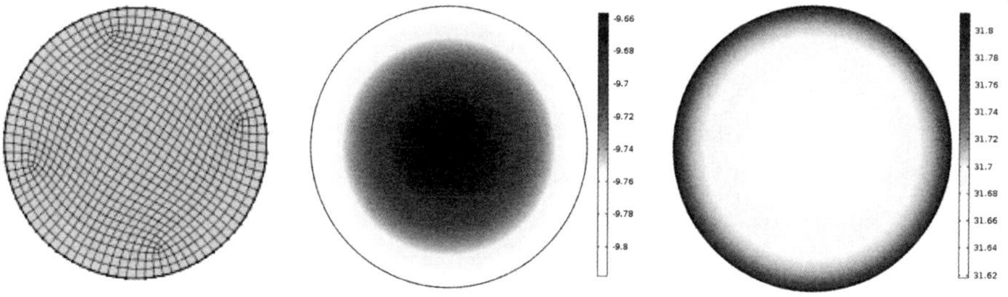

(a) 网格划分　　(b) 降温试验云图　　(c) 升温试验云图

图 4-11　传热试验数值模拟

混凝土试件在空气中分别进行升降温试验 48 h 后，2-6 号测点的数值模拟结果与试验结果对比如图 4-12 所示。

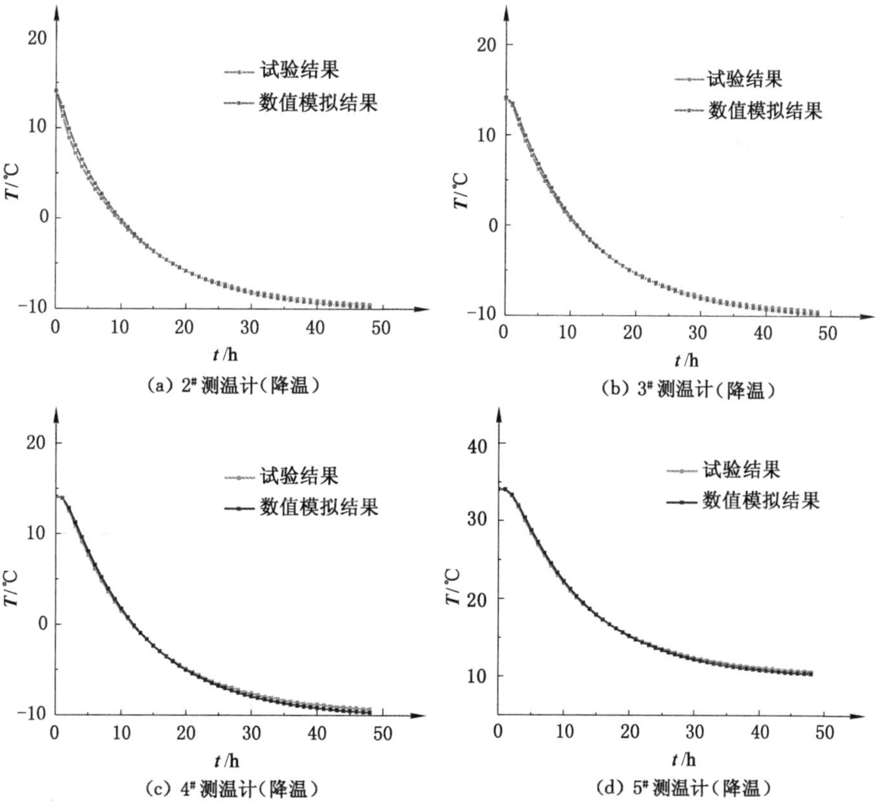

图 4-12　升(降)温试验结果与数值模拟结果对比

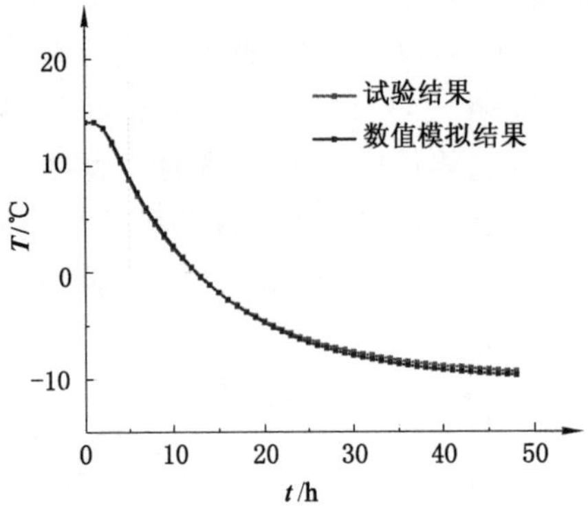

(e) 6# 测温计(降温)

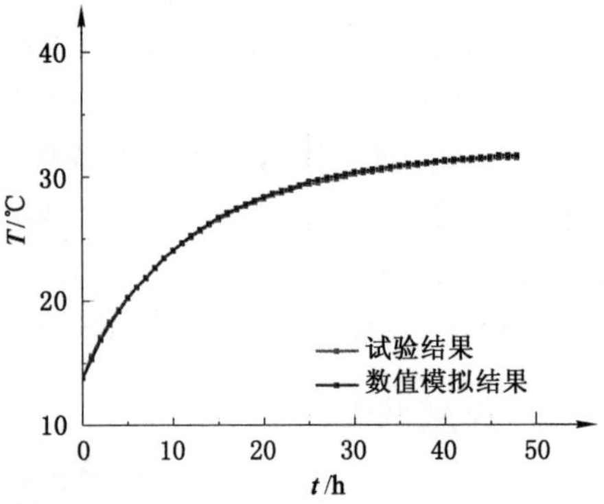

(f) 2# 测温计(升温)

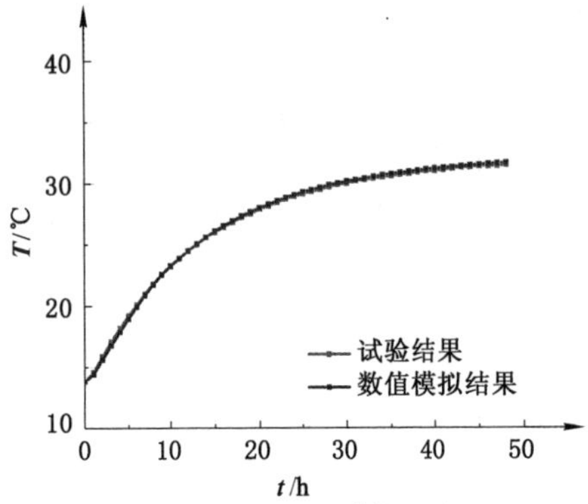

(g) 3# 测温计(升温)

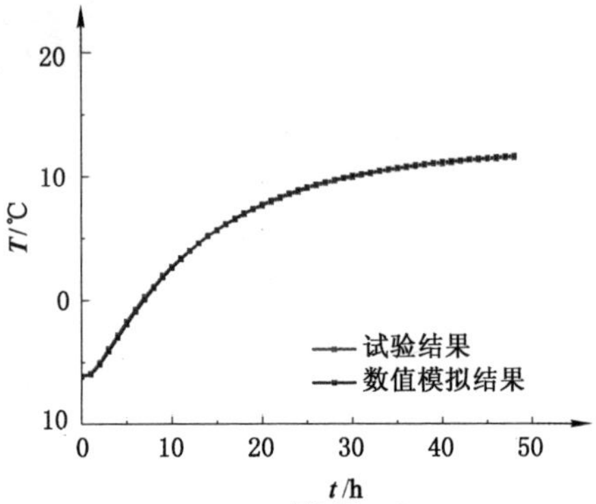

(h) 4# 测温计(升温)

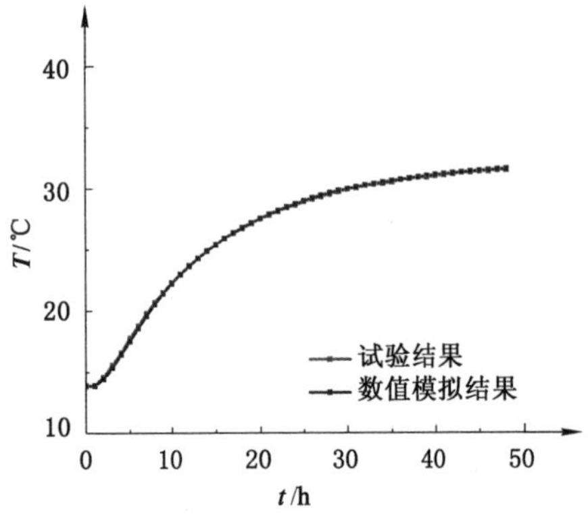

(i) 5# 测温计(升温)

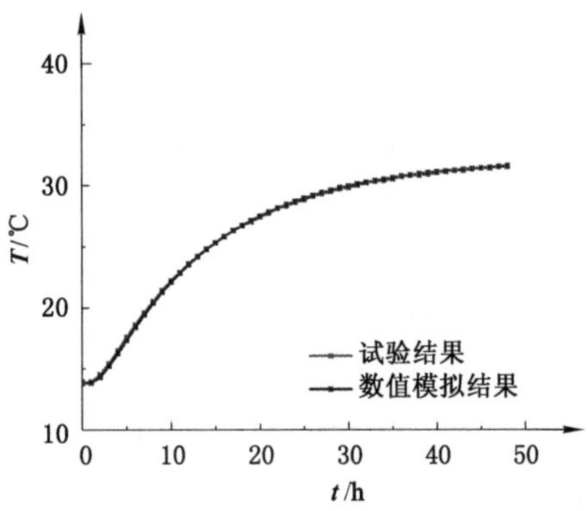

(j) 6# 测温计(升温)

图 4-12(续)

由数值模拟结果与试验结果对比可知:本书提出的采用对流换热过程和热辐射过程作为边界条件的数值模拟方法,可以较好地对混凝土圆柱试件在空气中的升降温试验进行数值模拟。因此,可以通过此数值模拟方法计算钢筋混凝土桥墩混凝土内的温度分布,进而确定钢筋混凝土桥墩的极限冻融深度 h_u。

4.2.3 钢筋混凝土桥墩的极限冻融深度

为了确定钢筋混凝土桥墩的极限冻融深度 h_u，需要确定海水冻融循环试验中钢筋混凝土桥墩内部的温度分布，以及海水浸泡环境下混凝土内部孔隙溶液的冻结温度和融化温度。本书采用数值模拟方法确定海水冻融循环试验中钢筋混凝土桥墩混凝土内部的温度分布，数值模拟方法在前文已经详细说明。与混凝土圆柱试件在空气中升降温试验不同，钢筋混凝土桥墩节段(包含容器)处于防冻液的升降温环境，因此，需要确定快速冻融循环试验设备中防冻液的对流换热系数。钢筋混凝土节段在快速冻融循环试验装置内升降温时，其对流换热过程属于有限空间中的自然对流换热过程，其对流换热系数 h_c 的计算公式如式(4-27)所示。

$$h_c = Nu \cdot \frac{\lambda}{\delta} \tag{4-27}$$

式中 Nu——努塞尔数；

δ——有钢筋混凝土桥墩节段与试验仪器内壁之间夹层的厚度。

已知努塞尔数 Nu 的计算公式与格拉晓夫数 Gr 有关，需要根据格拉晓夫数 Gr 的取值范围确定努塞尔数 Nu 的计算公式。在有限空间自然对流换热过程中，格拉晓夫数 Gr 的计算公式如式(4-28)、式(4-29)所示。

$$Gr = \frac{g\alpha \Delta t \delta^3}{\nu^2} \tag{4-28}$$

$$\upsilon = \frac{\lambda_f}{\rho_f} \tag{4-29}$$

式中 g——重力加速度；

α——流体的体积膨胀系数；

ν——流体的动力黏度系数；

λ_f——流体的导热系数；

ρ_f——流体的密度。

流体的热物理参数(体积膨胀系数等)需要根据定性温度 T_m 确定，$T_m = (T_w + T_f)/2 = -7.5$ ℃。

本书钢筋混凝土桥墩节段快速冻融循环试验中采用的防冻液为体积分数为 50% 的乙二醇水溶液，定性温度为 −7.5 ℃时，乙二醇水溶液的体积膨胀系数 $\alpha = 0.000\ 57\ K^{-1}$，导热系数 $\lambda_f = 0.36$ J/(kg·K)，密度 $\rho_f = 1\ 083.47$ kg/m^3。计算获得 Gr 的取值范围为 $2 \times 10^5 \sim 2 \times 10^7$，努塞尔数 Nu 的计算公式如式(4-30)所示。

$$Nu = 0.065 Gr^{1/3} \cdot \left(\frac{\delta}{H}\right)^{1/9} \tag{4-30}$$

式中 H——钢筋混凝土桥墩节段的高度。

根据式(4-27)确定防冻液的对流换热系数 h_c 为 18.9 W/(m^2·K)。本书通过多物理场仿真软件 COMSOL Multiphysics 建立钢筋混凝土桥墩节段的二维模型，如图 4-13 所示。

在快速冻融循环试验过程中，钢筋混凝土桥墩节段浸泡在海水中，试件到容器内壁之间的距离为 10 mm，为了更加贴近实际情况，在钢筋混凝土桥墩节段的计算模型外添加一层相变材料(海水-海冰)，其过程通过软件内嵌的相变材料实现。海水的相变温度为

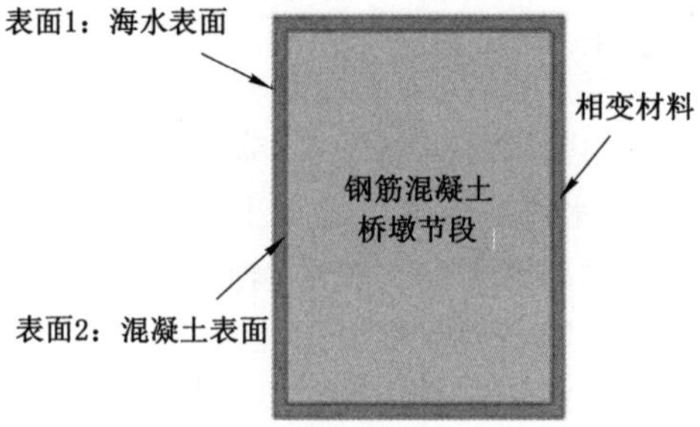

图 4-13　冻融节段传热模型

271.18 K，相变转变间隔为 10 K，相变潜热为 333 kJ/kg。本书所用冻融容器的材质为铝合金，厚度仅为 1 mm，由于金属导热性能较好且容器厚度较小，所以本书在建模过程中忽略冻融容器对整个传热过程的影响。将快速冻融循环试验装置内部的温度作为环境温度，通过本书提出的数值模拟方法可以确定钢筋混凝土桥墩节段混凝土内部温度分布。

确定了海水冻融循环试验中钢筋混凝土桥墩混凝土内部的温度分布后，需要确定以海水作为浸泡溶液时混凝土内部孔隙溶液在冻融循环作用时的冻结温度 T_D。一些学者通过试验方法确定了不同浓度 NaCl 溶液作为浸泡介质时，混凝土孔隙内溶液在冻融循环试验中的冻结温度 T_D。其中，冻结温度 T_D根据最小有害孔（孔隙半径为 5 nm）在冻融循环试验中的冻结情况确定。绘制混凝土孔隙溶液冻结温度与 NaCl 浓度之间的关系如图 4-14 所示。

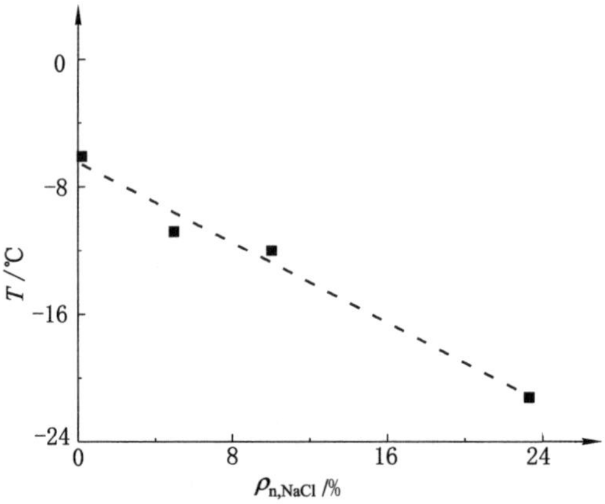

图 4-14　混凝土孔隙冻结温度与 NaCl 浓度之间的关系曲线

确定质量浓度为 3%的 NaCl 溶液，在冻融循环试验中的混凝土孔隙溶液的冻结温度为－8.9 ℃，定义在温度交替过程中低于－8.9 ℃的混凝土区域产生海水冻融循环损伤。绘制钢筋混凝土桥墩节段在快速冻融循环试验中的温度分布，如图 4-15 所示。绘制－8.9 ℃ 冻结温度线，如图 4-15 中虚线所示。距离钢筋混凝土桥墩节段表面约 59 mm 处为未冻融和冻融损伤区域的分界线，当距钢筋混凝土桥墩节段表面的距离超过 59 mm 时，混凝土不会产生海水冻融损伤，则海水冻融循环试验中钢筋混凝土桥墩的极限冻融深度 h_u＝59 mm。对比超声层析成像试验结果可知：当钢筋混凝土桥墩节段在海水浸泡环境中冻融循环次数达到125次时，基本达到极限冻融深度。极限冻融深度的确定可以为海水冻融循环后钢筋混凝土桥墩的数值模拟分析提供依据。

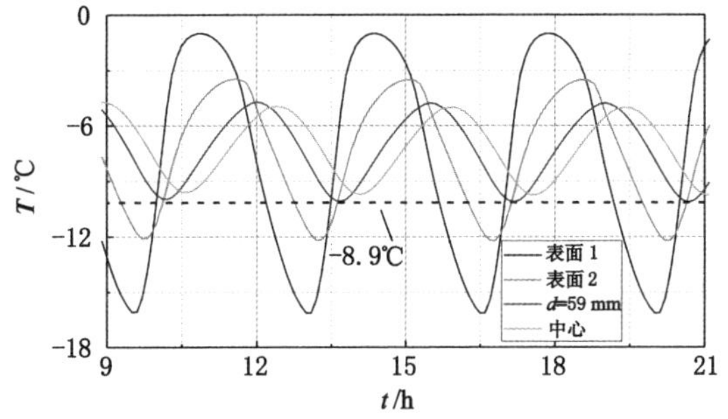

图4-15 温度分布曲线

4.2.4 数值模拟方法的应用

我国北方地区进入冬季后气温会骤降，钢筋混凝土桥墩潮差区的混凝土在潮汐运动中会发生海水冻融循环作用。退潮时钢筋混凝土桥墩暴露在冷空气中，混凝土内部的孔隙溶液在降温作用下会冻结。涨潮时钢筋混凝土桥墩被温暖的海水浸泡，混凝土内部的孔隙溶液在升温作用下会融化。因此，海水冻融循环过程与潮汐周期、大气温度以及表层海水温度有关。采用本书数值模拟方法，结合实际的环境数据，可以推测实际情况下近海桥梁钢筋混凝土桥墩的极限冻融深度 h_u。

本书以辽宁省兴城市为例，通过查询当地的环境资料，并结合本书提出的数值模拟方法，计算该地区近海桥梁钢筋混凝土桥墩冬季时的极限冻融深度 h_u。中国海事服务网提供各港口(测点)的潮时-潮高数据，查询兴城市菊花岛测点处某年农历初一、初八、十五和二十三的潮高数据，如图4-16所示。其中，该地区的平均潮高约为230 cm，冻融循环作用的周期为12～13 h。潮汐周期运动的时间越长，相应的钢筋混凝土桥墩内部混凝土的传热时间越久，其极限冻融深度 h_u越大。本书考虑最不利的情况，选择13 h作为钢筋混凝土桥墩的冻融循环周期进行极限冻融深度的计算。

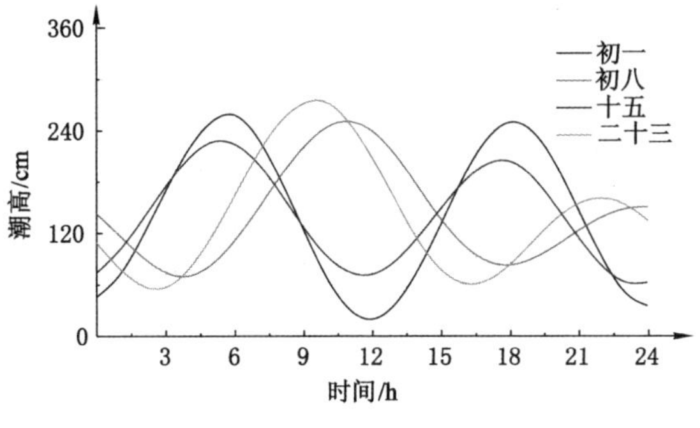

图4-16 潮汐周期数据

中国天气网提供全国各城市的气候温度数据，查询兴城市冬季11月—3月的最低气温

T_l见表 4-2。冬季渤海海域的表层海水温度在 0～6 ℃之间。由于实际环境较为复杂，近海水域表层海水的温度 T_s受纬度和气温等因素的影响，本书为简化计算选取平均数 3 ℃作为冬季表层海水的温度进行数值模拟。在国家海洋环境预报中心网站上查询 2021 年度我国冬季近海海域的海冰预警信息可知：在 1 月 3 日至 2 月 7 日期间，兴城市近海沿线的海水处于冻结状态，在此期间该地区近海桥梁的钢筋混凝土桥墩不会遭受冻融循环作用。为了对钢筋混凝土桥墩内部的温度分布进行数值模拟，需要确定钢筋混凝土桥墩处于空气和海水环境时的表面对流换热系数。环渤海地区近海的平均海风风速为 7 m/s，则根据式(4-26)计算出处于空气环境时钢筋混凝土桥墩表面的对流换热系数为 25.1 W/(m^2 · K)，处于海水环境时钢筋混凝土桥墩表面的对流换热系数为 72.6 W/(m^2 · K)。

表 4-2　各月最低气温和表层海水温度

月份	最低气温 T_l/℃	表层海水温度 T_s/℃
11 月	−15	3
12 月	−22	
1 月	−24	
2 月	−21	
3 月	−13	

在潮汐的周期性运动下，钢筋混凝土桥墩潮差区不同高度处混凝土暴露于空气和海水环境的时长不同。本书定义混凝土表面暴露于空气环境的时长为冻结时间 t_d，暴露于海水环境的时长为融化时间 t_r，冻结时间与融化时间的总和为 13 h(冻融循环周期)。根据兴城市菊花岛测点处潮汐运动的周期，将钢筋混凝土桥墩遭受冻融循环作用的冻结时间 t_d和融化时间 t_r分为 12 种情况，见表 4-3。通过本书提出的数值模拟方法，结合混凝土内部孔隙溶液的冻结温度，可以确定各情况下钢筋混凝土桥墩的极限冻融深度 h_u。在数值模拟过程中计算时长超过 120 h 后，温度循环趋于稳定状态，此时的计算结果不受钢筋混凝土桥墩初始温度的影响。通过计算获得各月在 12 种情况下钢筋混凝土桥墩的极限冻融深度 h_u，见表 4-3。

表 4-3　各月不同情况下的极限冻融深度

t_d/h	t_r/h	h_u/mm			
		11 月	12 月	2 月	3 月
1	12	0	4	0	0
2	11	0	32	28	0
3	10	8	62	56	0
4	9	22	95	86	0
5	8	46	140	130	14
6	7	72	200	188	32
7	6	106	355	308	53
8	5	160	338	346	90

表 4-3(续)

t_d/h	t_r/h	h_u/mm			
		11 月	12 月	2 月	3 月
9	4	274	186	212	142
10	3	350	120	134	254
11	2	165	74	82	320
12	1	78	52	38	112

设钢筋混凝土桥墩内部某点到表面的距离为 h，当 $h<h_u$ 时，钢筋混凝土桥墩内部混凝土会发生冻融循环作用。当 $h>h_u$ 时，在正负温度交替过程中孔隙溶液不发生冻结和融化现象，则混凝土内部不会发生冻融循环作用。具体阐述如下：

(1) 存在极限冻融深度 h_u，当 $h<h_u$时，混凝土孔隙内的溶液在冻结后会发生融化现象。当 $h>h_u$时，混凝土孔隙内的溶液始终处于冻结状态，不会出现融化现象。定义该情况下钢筋混凝土桥墩的极限冻融深度 h_u 为可融化极限冻融深度 h_u^r。以 11 月的温度分布数据为例，如图 4-17(a)所示，在冻结时间为 10 h、融化时间为 3 h 的情况下，当 $h>350$ mm 时，钢筋混凝土桥墩内部的混凝土不会发生融化现象，则此时计算的冻融深度为可融化极限冻融深度 h_u^r，即 $h<350$ mm 时，混凝土因可融化而发生冻融循环作用。

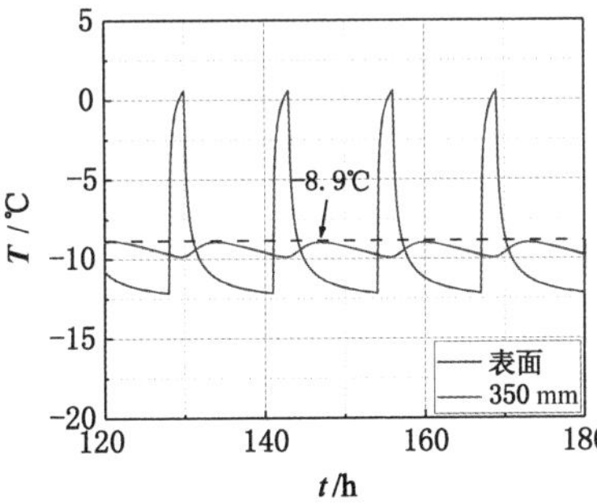

(a) 11 月极限冻融深度

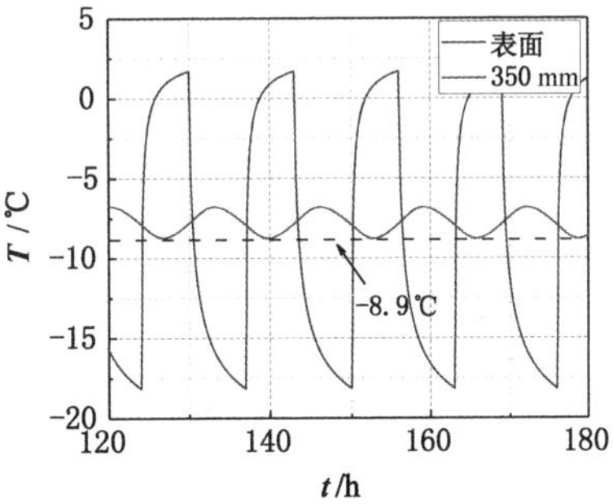

(b) 12 月极限冻融深度

图 4-17　极限冻融深度

(2) 存在极限冻融深度 h_u，当 $h<h_u$时，混凝土孔隙内的溶液在融化后会发生冻结现象。当 $h>h_u$时，混凝土孔隙内的溶液始终处于液体状态，不会出现冻结现象。定义该情况下钢筋混凝土桥墩的极限冻融深度 h_u 为可冻结极限冻融深度 h_u^d。以 12 月的温度分布数据为例，如图 4-17(b)所示，在冻结时间为 7 h、融化时间为 6 h 的情况下，当 $h>355$ mm 时，钢筋混凝土桥墩内部的混凝土不会发生冻结现象，则此时计算的冻融深度为可冻结极限冻融深度 h_u^d，即 $h<355$ mm 时，混凝土因可冻结而发生冻融循环作用。

提取表 4-3 中 11 月和 12 月极限冻融深度数据，并绘制极限冻融深度 h_u与冻结时间 t_d 之间的关系曲线(图 4-18)。

(1) 11 月，当钢筋混凝土桥墩的冻结时间不超过 10 h 时，此时的计算结果均为可冻结极限冻融深度 h_u^d。当钢筋混凝土桥墩的冻结时间超过 10 h 后，此时的计算结果均为可融化极限冻融深度 h_u^r。拟合二者的数据并绘制曲线，如图 4-18(a)所示，交汇点处为 11 月份的

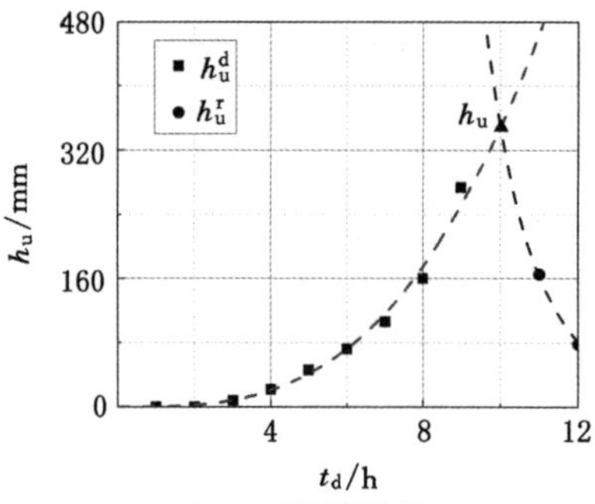

(a) 11月极限冻融深度

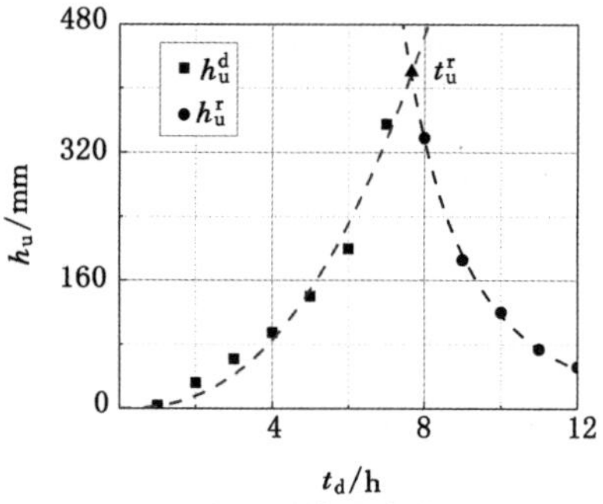

(b) 12月极限冻融深度

图 4-18　冻结时间与极限冻融深度之间的关系曲线

极限冻融深度 h_u，约为 350 mm。

(2) 12 月，当钢筋混凝土桥墩的冻结时间不超过 7 h 时，此时的计算结果均为可冻结极限冻融深度 h_u^d。当钢筋混凝土桥墩的冻结时间超过 7 h 后，此时的计算结果均为可融化极限冻融深度 h_u^r。拟合二者数据并绘制曲线，如图 4-18(b)所示，交汇点处为 12 月极限冻融深度，约为 420 mm。

通过计算可知：辽宁省兴城市近海桥梁钢筋混凝土桥墩的极限冻融深度在 12 月达到最大值，约为 420 mm。此地区在役近海桥梁的钢筋混凝土桥墩直径多为 2 m，当发生冻融循环作用时，冻融损伤的最大截面面积可占总截面面积的 66%。因此，本书针对钢筋混凝土桥墩冻融深度的研究具有实际意义。

4.3　本章小结

通过超声层析成像试验、混凝土圆柱试件的传热试验以及相应的数值模拟和理论推导，对海水冻融循环后钢筋混凝土桥墩的冻融深度进行了研究，结论如下：

(1) 本书采用超声层析成像技术给出了混凝土冻融损伤识别方法，绘制出了钢筋混凝土桥墩预制节段内的冻融损伤分布云图，并以此为基础，确定了钢筋混凝土桥墩冻融深度与海水冻融循环次数之间的关系。结果表明：在海水冻融循环试验的初期，钢筋混凝土桥墩的冻融节段无明显的冻融损伤。当节段表面水泥砂浆发生大面积的剥落后，节段横截面损伤分布云图出现了明显冻融损伤界限。在海水冻融循环试验的后期，钢筋混凝土桥墩冻融深度的变化值趋于平缓，说明钢筋混凝土桥墩在海水冻融循环过程中存在极限冻融深度。

(2) 通过混凝土表面对流换热过程和热辐射过程的数值模拟方法，获得了钢筋混凝土桥墩冻融节段的温度分布，并结合热力学原理，确定了钢筋混凝土桥墩的极限冻融深度。结合具体近海地区的实际环境数据，给出了本书数值模拟方法在实际海水冻融环境下确定钢筋混凝土桥墩极限冻融深度的应用过程。

5 海水冻融循环后钢筋混凝土桥墩有限元分析

5.1 引言

在通过低周往复荷载试验对海水冻融循环后钢筋混凝土桥墩的抗震性能进行研究时，由于试验条件和设备的限制，试件的制备过程相对复杂，且海水冻融循环试验本身的周期也相对较长。部分学者在试验研究的基础上，提出采用数值模拟的方法对冻融循环后钢筋混凝土构件的抗震性能进行研究，在保证研究结果精确度的同时，有效地缩短了研究周期。本书在已有研究的基础上，结合等效细观单元模型和分层建模的方法，对海水冻融循环后钢筋混凝土桥墩的低周往复荷载试验进行数值模拟。本书提出的数值模拟方法合理考虑了混凝土冻融损伤分布的非均匀性，更加贴近海水冻融循环后钢筋混凝土桥墩的损伤分布特性，可以为寒冷地区近海桥梁的地震响应分析提供参考。

5.2 等效细观单元模型

5.2.1 细观单元等效化

混凝土是一种多孔介质材料，其内部的粗骨料随机分布，这种随机分布又称为混凝土材料的非均质性。准确地对混凝土材料的非均质性进行描述，就可以真实地反映其非线性力学性能。混凝土材料的非均质性使其宏观力学性能表现出较强的离散性，海水冻融循环作用后的混凝土材料，其宏观力学性能的离散性更明显。

数值模拟过程中在细观尺度下建立混凝土的随机骨料模型，可以真实地反映混凝土材料细观损伤和宏观力学性能之间的关系。然而，在三维混凝土结构非线性问题的数值模拟研究中，建立混凝土材料的随机骨料模型，需要很细的单元网格划分，这会严重降低数值模拟过程的计算效率。为了提高数值模拟过程的计算效率，一些学者在混凝土随机骨料模型的基础上，提出采用等效细观单元模型描述混凝土材料的非均质性。基于随机骨料模型，采用复合材料等效化方法建立等效细观单元模型的过程，称为细观单元等效化方法。在数值模拟过程中采用等效细观单元模型的优点是在考虑混凝土材料非均质特性的同时降低了混凝土结构因尺寸效应所产生的影响。

在细观尺度上，可以将混凝土材料理解成一种复合型材料，其内部由粗骨料以及水泥砂浆组成。通过设置粗骨料的形状、尺寸以及分布形式，可以建立与真实混凝土材料相近的混凝土随机骨料模型，如图 5-1(a)所示。采用相同的单元尺寸对混凝土随机骨料模型进行等间隔网格划分，各单元内部粗骨料的体积分数 C_{ag} 和水泥砂浆的体积分数 C_{mo} 各不相同。已知粗骨料的弹性模量 E_{ag} 和水泥砂浆的弹性模量 E_{mo}，则各混凝土单元弹性模量 E_c 的计算式如式(5-1)所示。

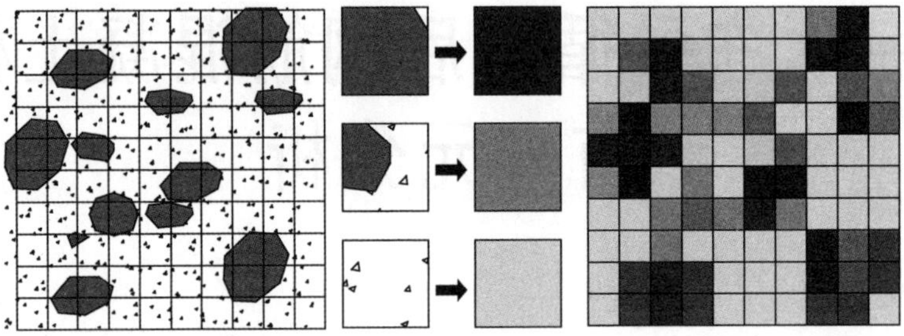

(a) 随机骨料模型及网格划分　(b) 细观单元等效化　(c) 等效细观单元模型

图 5-1　细观单元等效化方法

$$E_c = E_{ag}C_{ag} + E_{mo}C_{mo} \tag{5-1}$$

采用细观单元等效化方法，可以将各单元的力学性能进行等效处理，使其等效成为各向同性的均匀介质，等效过程如图 5-1(b)所示。在等效细观单元模型中，各混凝土单元内的力学性能相同，而各混凝土单元之间的力学性能相异。一些学者通过细观单元等效化方法，建立混凝土材料的细观单元等效化模型，如图 5-1(c)所示，不同的单元具有不同的力学特性，如弹性模量等。对比混凝土材料的细观单元等效化模型和随机骨料模型，二者表现出的非均质性相同，那么二者所描述的混凝土材料的宏观力学特性基本一致。

在等效细观单元模型中，各混凝土单元间的力学性能具有较强的离散性。其中，弹性模量 E_m 和抗压强度 σ_{cc} 符合双参数 Weibull 分布，其函数表达式如式(5-2)所示。

$$F(x) = 1 - \exp\left[-\left(\frac{x}{\rho}\right)^m\right] \tag{5-2}$$

其概率密度函数为：

$$f(x) = \frac{\mathrm{d}F(x)}{\mathrm{d}x}\frac{m}{\beta}\left(\frac{x}{\beta}\right)^{m-1}\exp\left[1-\left(\frac{x}{\beta}\right)^m\right] \tag{5-3}$$

式中　β——函数的尺度参数；

　　　m——函数的形状参数。

5.2.2　海水冻融循环后混凝土等效细观单元

建立混凝土材料在海水冻融循环后的细观单元等效化模型，首先需要建立混凝土材料的随机骨料模型，并进行细观单元等效化处理。混凝土试件的力学性能与试件的尺寸相关，试件的尺寸决定了混凝土内部缺陷的数量，进而影响混凝土试件的力学性能。模型中单元尺寸的大小同样会影响混凝土的宏观力学特性。根据一些学者的研究结果，本书合理选择两相(粗骨料和水泥砂浆)混凝土材料的随机骨料模型。混凝土材料内部粗骨料的分布满足富勒级配曲线，可以有效描述混凝土材料的密实度和宏观力学性能。富勒级配曲线的表达式如式(5-4)所示。

$$p(d)=100\left(\frac{d}{d_{max}}\right)^{\kappa} \tag{5-4}$$

式中 $p(d)$——粒径小于等于 d 的粗骨料颗粒的体积分数；

d_{max}——粗骨料的最大粒径；

κ——函数的形状参数，取 0.5。

根据本书混凝土的配合比，确定随机骨料模型中粗骨料颗粒的体积分数为 40%，水泥砂浆的体积分数为 60%。以混凝土弹性模量测定试验标准试件(边长 150 mm)的横截面为基础，在软件 MATLAB 中建立混凝土试件的随机骨料模型，如图 5-2 所示。在随机骨料模型中，圆形区域代表粗骨料颗粒，其余区域代表水泥砂浆基质。选择 15 mm 作为特征单元的尺寸，并对随机骨料模型进行网格划分。

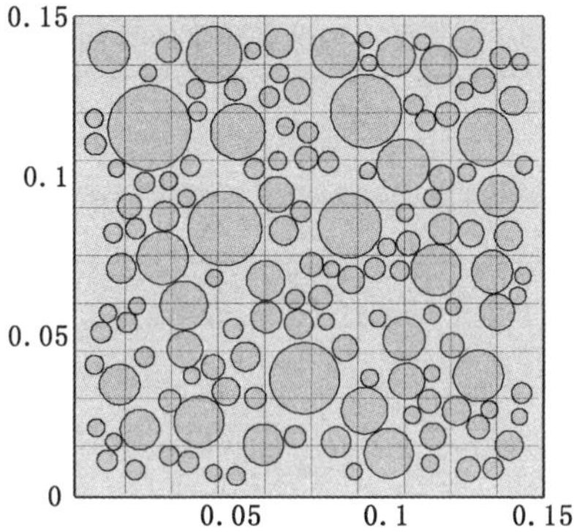

图 5-2 混凝土随机骨料模型(单位：m)

本书根据式(5-1)确定各单元内混凝土的弹性模量 E_m，需要先确定海水冻融循环后混凝土内部粗骨料的弹性模量 E_{ag} 和水泥砂浆的弹性模量 E_{mo}。混凝土在冻融循环作用以及荷载作用下发生变形时，粗骨料和水泥砂浆之间不发生分离和相对滑动，始终保持理想界面状态，且粗骨料的弹性模量 E_{ag} 在冻融循环过程中始终保持不变。本书所用混凝土中粗骨料的成分为碎石，其弹性模量 E_{ag} 取值 50 GPa，水泥砂浆的弹性模量 E_{mo} 则需要通过计算获得。本书采用有限元分析软件 ABAQUS，结合反演算法计算海水冻融循环后混凝土内部水泥砂浆的弹性模量 E_{mo}。

本书以软件 MATLAB 中建立的混凝土试件的随机骨料模型为基础，提取粗骨料的位置坐标和半径尺寸，在软件 ABAQUS 中通过 python 命令读取骨料的位置坐标以及半径尺寸，并建立随机骨料模型，如图 5-3 所示。

本书采用反演法计算海水冻融循环后混凝土内水泥砂浆的弹性模量 E_{mo}，其基本思路是：① 在本书第 2 章的试验研究中，通过对海水冻融循环后的混凝土试件进行单轴反复压缩试验，已经确定了不同海水冻融循环次数时混凝土试件的弹性模量 E_m，见表 5-1；② 分别将粗骨料的弹性模量 $E_{ag}=50$ GPa 以及水泥砂浆弹性模量 E_{mo} 的初值 30 GPa(估算)输入软件中；③ 在软件 ABAQUS 中采用单轴受压荷载作用对数值模型进行加载，确定混凝土数值模型的弹性模量 E'_m；④ 采用反演法对混凝土中水泥砂浆的弹性模量 E_{mo} 进行计算，迭代方法为牛顿迭代法，其收敛条件为 $(E_m-E'_m)/E_m\leqslant 5\%$；⑤ 确定冻融循环后混凝土内水

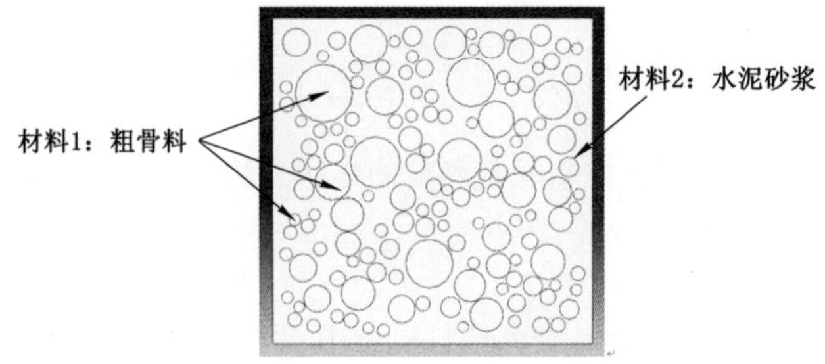

图 5-3　软件 ABAQUS 中随机骨料模型的建立

泥砂浆的弹性模量 E_{mo}。本书确定不同海水冻融循环次数时水泥砂浆弹性模量 E_{mo} 的取值，见表 5-1。

表 5-1　混凝土和水泥砂浆的弹性模量

N/次	E_m/GPa	E_{mo}/GPa
0	31.2	22.8
25	27.9	18.6
50	25.3	16.5
75	21.7	13.3
100	18.5	11.2
125	15.8	8.5

本书采用软件 AutoCAD 中内嵌的程序，计算随机骨料模型中各单元内部粗骨料和水泥砂浆的体积分数 C_{ag} 和 C_{mo}，并根据式(5-1)计算等效细观单元模型中各混凝土单元的弹性模量 E_m。对 100 个混凝土单元的弹性模量进行数学统计分析，选择合适的区间范围，绘制弹性模量的频率直方图，如图 5-4 所示。

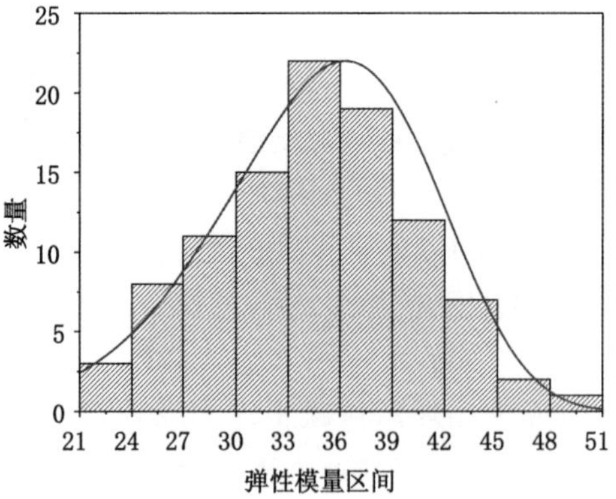

图 5-4　弹性模量的频率直方图(N=0)

本书采用双参数的 Weibull 分布对不同海水冻融循环次数时各单元内弹性模量频率直方图的概率分布进行拟合，确定不同海水冻融循环次数时双参数 Weibull 分布中参数 β 和 m 的取值，其结果见表 5-2。

表 5-2　Weibull 分布的双参数取值

N/次	0	25	50	75	100	125
β	37.2	34.0	32.7	31.4	30.2	28.3
m	6.5	5.6	4.6	3.8	3.3	3.1

5.3　数值模拟及结果分析

本书采用有限元分析软件 ABAQUS 对海水冻融循环后钢筋混凝土桥墩的低周往复荷载试验进行数值模拟。数值模拟对象为未冻融的试件以及海水冻融循环 125 次的试件，通过对比不同设计参数时的钢筋混凝土桥墩的数值模拟结果与试验结果，验证本书数值模拟方法的有效性。

5.3.1　有限元模型的建立

通过研究可知：钢筋混凝土桥墩并未发生全截面的冻融损伤，冻融深度与钢筋混凝土桥墩遭受的海水冻融循环次数有关。为了使建立的数值模型更贴近真实情况，需要对海水冻融循环后的钢筋混凝土桥墩进行分层建模，分层方法如图 5-5 所示。其中，海水冻融循环 125 次后钢筋混凝土桥墩的冻融深度 h_u 计算结果进行赋值。

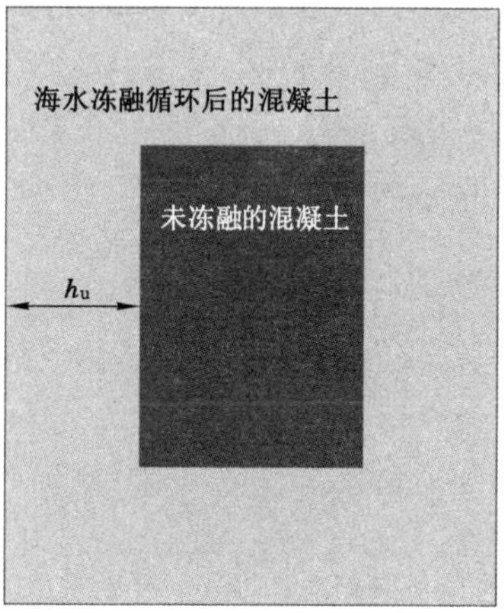

图 5-5　分层方法

在数值模型的建立过程中需要考虑混凝土材料的非均质性，本书已经确定海水冻融循环 125 次后混凝土材料弹性模量取值的双参数 Weibull 分布，则根据式(2-11)可以确定模型中各单元的峰值应变，根据式(2-6)和式(2-7)可以确定模型中各单元的峰值应变。结合本书第 2 章确定的本构关系，即可获得考虑非均质性的海水冻融循环后混凝土材料在单轴压缩过程中的本构关系。

冻融循环作用后混凝土材料的单轴受拉本构关系可以按照普通混凝土单轴受拉本构关系进行计算。普通混凝土单轴受拉本构关系的函数表达式分成两段，如式(5-5)、式(5-6)所示。

$$\frac{\sigma_t}{\sigma_{tc}} = 1.2\frac{\varepsilon_t}{\varepsilon_{tc}} - 0.2\left(\frac{\varepsilon_t}{\varepsilon_{tc}}\right)^6 \quad \left(0 \leqslant \frac{\varepsilon_t}{\varepsilon_{tc}} \leqslant 1\right) \tag{5-5}$$

$$\frac{\sigma_t}{\sigma_{tc}} = \frac{\dfrac{\varepsilon_t}{\varepsilon_{tc}}}{0.312\sigma_{tc}^2\left(\dfrac{\varepsilon_t}{\varepsilon_{tc}} - 1\right)^2 + \dfrac{\varepsilon_t}{\varepsilon_{tc}}} \quad \left(\frac{\varepsilon_t}{\varepsilon_{tc}} \geqslant 1\right) \tag{5-6}$$

式中 σ_t, ε_t——混凝土单轴受拉过程中的应力和应变；

$\sigma_{tc}, \varepsilon_{tc}$——混凝土单轴受拉峰值应力和峰值应变。

混凝土单轴受拉峰值应力的计算式如下：

$$\sigma_{tc} = 0.625\sqrt{\sigma_{cc}} \tag{5-7}$$

混凝土单轴受拉过程中的损伤可以按式(5-8)计算。

$$D_t = 1 - \frac{\sigma_t E_t^{-1}}{\varepsilon_t^{in}\left(\dfrac{1}{b_t} - 1\right) + \sigma_t E_t^{-1}} \tag{5-8}$$

式中 ε_t^{in}——混凝土的受拉非弹性应变，$\varepsilon_t^{in} = \varepsilon_t - \sigma_t / E_t$；

E_t——混凝土的受拉弹性模量，$E_t = E_c$；

b_t——混凝土受拉塑性应变与非弹性应变的比值，取 0.7。

在软件 ABAQUS 中混凝土材料的刚度恢复因子 ω_c 和 ω_t 的取值选择缺省值 1 和 0，其他的参数取值见表 2-5。

在数值模型的建立过程中，采用随动硬化的钢材双折线模型对钢筋混凝土桥墩内部的纵筋和箍筋进行模拟，如图 5-6 所示。

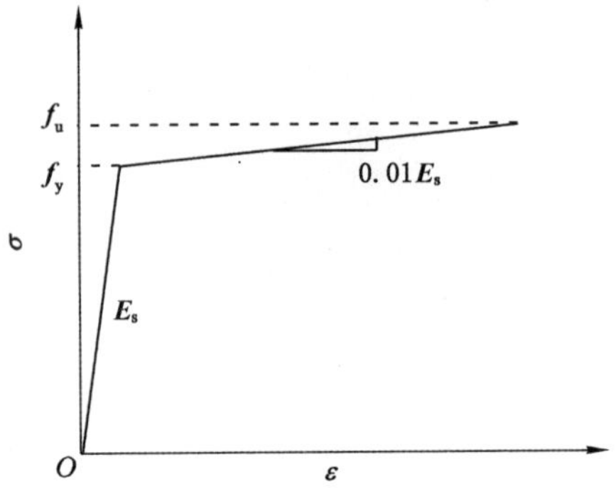

图 5-6 钢筋应力-应变关系曲线

图 5-6 中，E_s 为钢筋的拉伸弹性模量，取 210 GPa。f_y 为钢筋的屈服强度，f_u 为钢筋的极限强度。纵筋和箍筋的屈服强度 f_y 和极限强度 f_u 的取值可参考表 3-4。

通过有限元分析软件 ABAQUS 建立海水冻融循环后钢筋混凝土桥墩的有限元模型，如图 5-7 所示。其中，混凝土采用单元类型为 C3D8R 的空间实体单元，钢筋采用单元类型为 T3D2 的杆单元。为了确保在加载过程中钢筋笼与混凝土不发生相对变形，使得分析结果更贴近实际情况，本书采用 ABAQUS 中内嵌的 Embedded region 功能将钢筋笼嵌入混凝土材料。

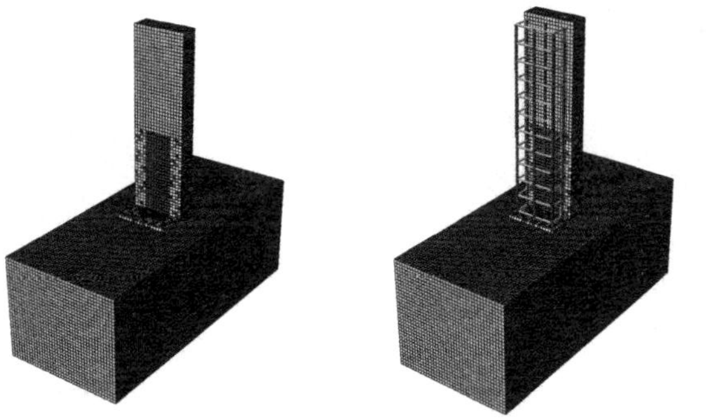

(a) (b)

图 5-7 钢筋混凝土桥墩的有限元模型

5.3.2 数值模拟结果

通过有限元分析软件 ABAQUS 对海水冻融循环后钢筋混凝土桥墩的低周往复荷载试验进行数值模拟，模拟结果与试验结果对比如图 5-8 所示，数值模拟获得的滞回曲线饱满且捏缩效果良好，能够较好地反映海水冻融循环后钢筋混凝土桥墩在试验过程中的各个阶段。

(1) 在钢筋屈服前，钢筋混凝土桥墩处于弹性阶段，此时的墩柱的变形相对较小，试件的加卸载路径近似呈直线，并未形成明显的滞回环，在滞回曲线中卸载路径与 x 轴的交点称为残余变形，此时的残余变形相对较小，可以忽略不计。

(2) 随着加载位移幅值的增大，钢筋混凝土桥墩逐渐从弹性状态进入塑性状态，此时钢筋的拉伸应变和混凝土的压缩应变逐渐累积，滞回环所围成的面积随之增大，随着海水冻融循环次数的增加，试件的残余变形逐渐减小。随着加载位移幅值的增大，加卸载路径的斜率逐渐降低，并且降低的速率逐渐提高，在相同位移幅值下，滞回环加卸载路径的斜率随着加载次数增加逐渐降低，这两种情况均说明在低周反复荷载作用下钢筋混凝土桥墩的刚度逐渐退化。

(3) 钢筋混凝土桥墩在低周往复荷载试验中的峰值荷载与海水冻融循环次数呈负相关。达到峰值荷载后，柱底附近的非约束混凝土达到极限压应变并且退出工作，纵筋开始屈曲，钢筋混凝土桥墩的墩顶荷载开始降低。

通过观察海水冻融循环 125 次后钢筋混凝土桥墩在低周往复荷载试验初期(±4 mm)混凝土的横向裂缝可知：试件加载方向立面的横向裂缝主要位于距离墩脚 400 mm 的高度之间，横向裂缝大致以 100 mm 的间隔分布在墩身上。数值模拟过程中钢筋混凝土桥墩加载方向立面的开裂情况与试验现象基本吻合，如图 5-9 所示。

图 5-10 为数值模拟获得的低周往复荷载试验结束后钢筋混凝土桥墩的剥落情况，对比钢筋混凝土桥墩在低周往复荷载试验结束后的实际剥落情况，如图 5-11 所示，数值模拟结果可以较好地反映试验中混凝土的剥落现象。对比图 5-10 和图 5-11 可知：未冻融以及海水冻融循环 125 次后钢筋混凝土桥墩数值模拟获得的混凝土加载方向立面的损伤高度与实际试验中的剥落高度基本相同，非加载方向立面的剥落(损伤)形状也大致相同。

提取数值模拟滞回曲线的承载力和峰值位移，并与试验获得的承载力和峰值位移进行对比，见表 5-3。其中，承载力的偏差值不超过 6%，峰值位移的偏差值除试件 JP-L16 以外

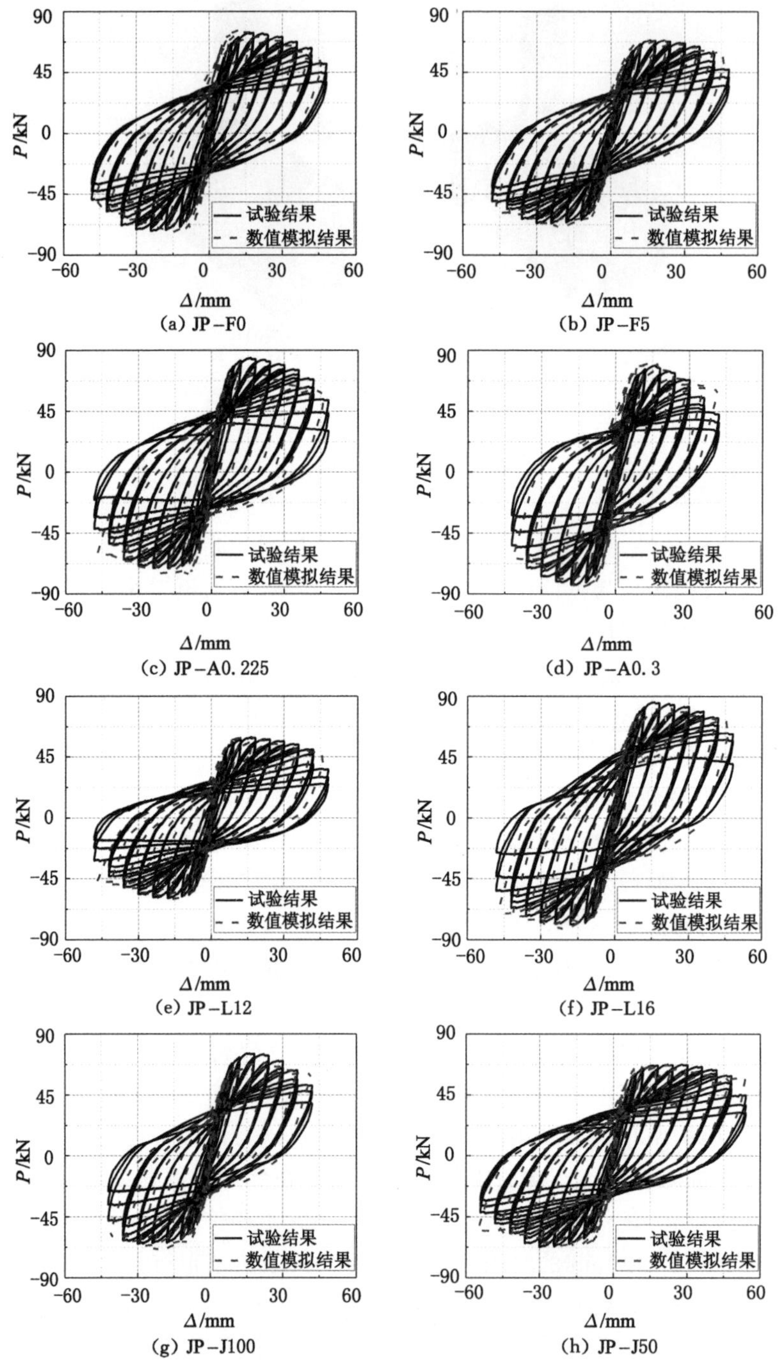

图 5-8　数值模拟与试验结果对比

不超过 10％，比较理想。分析试件 JP-L16 峰值位移的偏差值较大的原因：① 试验基座与地面无法达到完全固结状态，使得数值模拟滞回曲线的初始刚度普遍比试验曲线大，会影响数值模拟的峰值位移；② 因为试验加载位移幅值有一定的间隔，试验位移幅值可能在相邻加载位移幅值之间。在实际工程的设计和建造中，通常采用承载力作为主要的参考指标，数值

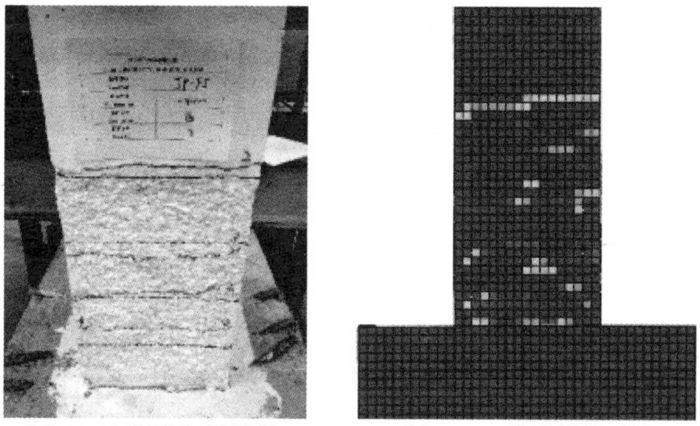

(a) JP–F5 试验初期开裂　　(b) JP–F5 数值模拟开裂

图 5-9　混凝土单元的损伤云图(开裂)

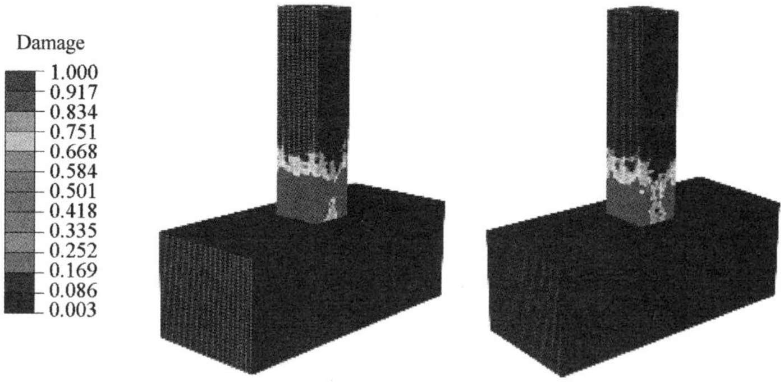

(a) JP–F0 数值模拟剥落　　(b) JP–F5 数值模拟剥落

图 5-10　混凝土单元的损伤云图(剥落)

(a) JP–F0 试件混凝土剥落情况

(b) JP–F5 试件混凝土剥落情况

图 5-11　试验后钢筋混凝土桥墩的剥落情况

模拟计算的承载力与试验结果的偏差相对较小，说明本书提出的数值模拟方法可以有效地对海水冻融循环后钢筋混凝土桥墩进行数值模拟。

表 5-3 承载力和峰值位移

试件编号	P_m			Δ_m		
	试验值/kN	模拟值/kN	偏差/%	试验值/mm	模拟值/mm	偏差/%
JP-F0	74.2	73.4	1.1	18	17.0	5.6
JP-F5	66.4	65.8	0.9	30	26.8	10.0
JP-A0.225	71.8	74.3	−3.4	18	18.7	−3.9
JP-A0.3	78.0	80.2	−2.8	18	17.8	1.1
JP-L12	57.0	55.7	2.2	18	17.9	0.6
JP-L16	77.8	82.2	−5.6	30	27.2	9.3
JP-J100	65.7	66.2	−0.8	18	19.0	−5.5
JP-J50	67.4	66.6	1.2	30	28.5	5.0

5.4 本章小结

考虑到混凝土在冻融循环作用后冻融损伤的不均匀特性，本书提出了海水冻融循环后钢筋混凝土桥墩在有限元分析中的建模方法，结论如下：

(1) 考虑到混凝土材料的非均质性，以混凝土材料的随机骨料模型为基础，结合海水冻融循环后混凝土试件的单轴反复压缩试验结果和细观单元等效化方法，确定了海水冻融循环后混凝土单元弹性模量的双参数 Weibull 分布。

(2) 考虑到钢筋混凝土桥墩在冻融循环作用下其内部损伤分布不均匀的特性，以钢筋混凝土桥墩极限冻融深度的数值模拟结果为基础，采用分层建模的方法，建立了适用于海水冻融循环后钢筋混凝土桥墩的有限元模型，并对海水冻融循环后钢筋混凝土桥墩的低周往复荷载试验进行了数值模拟。通过与试验结果(滞回曲线)对比分析可知数值模拟获得的滞回曲线与试验获得的滞回曲线吻合良好，验证了本书提出的建模方法有效性，可以为寒冷地区近海桥梁的地震响应分析提供参考。

6 结论与展望

6.1 结论

本书以寒冷地区在役近海桥梁的钢筋混凝土桥墩为研究对象，对海水冻融循环后混凝土材料的力学性能、冻融损伤分布特性以及钢筋混凝土桥墩的抗震性能等进行了研究，主要得到以下结论：

(1) 本书对海水冻融循环后的混凝土棱柱体试件进行了单轴反复压缩试验，对比分析了不同海水冻融循环次数对混凝土材料抗冻性能和力学性能的影响。研究结果表明：当混凝土试件表面出现严重的水泥砂浆剥落时，伴随有混凝土试件饱水率的短暂降低，冻融损伤引起混凝土内部超声波的传播速度降低。在室内快速冻融循环试验中，试件内部超声波的传播速度可以用来评价混凝土海水冻融循环损伤的程度。随着海水冻融循环次数的增加，试件在单轴反复压缩试验中的初始模量和峰值应力有明显降低，峰值应变逐渐增大，再加载模量的退化趋势不受海水冻融循环次数的影响。基于冻融循环后混凝土反复压缩试验的研究成果，本书提出了冻融循环后混凝土单轴受压损伤计算模型。利用本书提出的压缩损伤计算模型，结合 Mander 模型中骨架曲线的计算公式，给出了基于海水冻融循环试验结果的混凝土材料单轴压缩本构关系计算方法，为寒冷地区近海桥梁的非线性分析提供理论依据。

(2) 针对寒冷地区近海桥梁所处的海水冻融环境，本书设计出了适用于钢筋混凝土桥墩的水冻水融试验方案，并在钢筋混凝土桥墩节段海水冻融循环试验的基础上开展了海水冻融循环后钢筋混凝土桥墩的低周往复荷载试验，研究了海水冻融循环作用对钢筋混凝土桥墩抗震性能的影响。试验结果表明：不同设计参数时试件的横向裂缝、斜向裂缝和混凝土压溃剥落的规律基本相同，且破坏形式均为弯曲破坏。相同的设计参数时，随着海水冻融循环次数的增加，试件在低周往复荷载试验中的残余位移逐渐减小，滞回环的饱满度降低，峰值荷载、初始刚度和总体累积耗能均降低，而峰值位移逐渐提高；相同的海水冻融循环次数时，改变低周往复荷载试验的轴压比，钢筋混凝土桥墩的耗能能力因极限加载位移幅值变化而改变，增大钢筋混凝土桥墩的纵筋直径，试件的初始刚度、峰值荷载以及总体累积耗能均出现明显的提高，减小钢筋混凝土桥墩的箍筋间距，加载过程中的极限位移幅值增大，进而使得试件的位移延性系数增大，累积耗能提高。

(3) 本书采用超声层析成像技术给出了混凝土材料冻融损伤的识别方法，绘制了不同海水冻融循环次数时钢筋混凝土桥墩横截面测区的冻融损伤分布云图，对比分析了不同海水冻融循环次数时钢筋混凝土桥墩表面剥落情况与内部冻融损伤的关系，确定了钢筋混凝土桥墩冻融深度的计算公式。结果表明：在海水冻融循环试验的初期，钢筋混凝土桥墩无明显冻融损伤界限；当钢筋混凝土桥墩表面的水泥砂浆发生大面积剥落后，横截面的损伤分布云图出现了明显的冻融损伤界限，而且随着冻融循环作用的加强，损伤区域占全截面的比例增大，钢筋混凝土桥墩的冻融深度迅速增大；在海水冻融循环试验的后期，钢筋混凝土桥墩冻融深度的变化值趋于平缓，说明钢筋混凝土桥墩在海水冻融循环过程中存在极限冻融深度。本书以混凝土试件的传热试验为基础，结合热力学原理，给出了钢筋混凝土桥墩极限冻融深度的数值模拟方法。结合具体近海地区的实际环境数据，给出了本书数值模拟方法在实际海水冻融环境下确定钢筋混凝土桥墩极限冻融深度的应用过程，为近海桥梁钢筋混凝土桥墩的数值模拟分析提供依据。本书以混凝土材料的随机骨料模型为基础，通过细观单元等效化方法，建立了海水冻融循环后混凝土材料的等效细观单元模型，确定了海水冻融循环后混凝土单元弹性模量取值的双参数 Weibull 分布，并在此研究成果的基础上，结合钢筋混凝土桥墩冻融深度的研究结果，提出采用分层模拟的方法，最终建立了可考虑混凝土材料冻融损伤特性的钢筋混凝土桥墩实体有限元模型，并对海水冻融循环后钢筋混凝土桥墩的低周往复荷载试验进行了数值模拟。通过分析可知数值模拟结果与试验结果吻合良好，表明本书提出的建模方法可以为寒冷地区近海桥梁的地震响应分析提供参考。

6.2 展望

针对海水冻融循环后钢筋混凝土桥墩抗震性能的研究相对较少，本书结合试验研究和理论分析，取得了一些有意义的成果，但是由于受到作者自身能力和时间的限制，本书的研究工作尚存在不足之处。结合作者对研究领域的理解，对未来需展开的研究提出几点建议：

(1) 现有部分新建近海桥梁在设计施工时，根据寒冷海域结构的设计要求采用了不同的混凝土配合比，并进行了相关的抗冻设计，对于该类桥梁的耐久性问题，还需进行相关的试验研究以评价该类桥梁的抗冻性能退化规律。

(2) 寒冷地区近海钢筋混凝土桥墩，在遭受海水冻融循环作用后混凝土的表面会发生水泥砂浆剥落现象，同时其内部钢筋会发生锈蚀膨胀，混凝土冻融循环和钢筋锈蚀膨胀耦合作用对钢筋混凝土桥梁力学特性的研究是未来工作的重点。同时，需要针对实际的海水冻融环境，设计出更贴近实际情况的试验方案。

(3) 本书根据超声层析成像技术建立了混凝土试件冻融深度与海水冻融循环次数之间的关系，测试结果的精确度受超声波射线数量和反演算法的影响，因此，针对混凝土冻融损伤识别的研究仍需深入。

(4) 本书针对海水冻融循环后混凝土材料的数值模拟方法，是基于试验研究的，并未能全面体现混凝土在冻融循环加载过程中的劣化行为，尤其是损伤演化与时间之间的规律。因此，还需进行混凝土冻融过程的数值模拟研究，以全面分析混凝土在冻融作用下的劣化机理。

参考文献

[1] 曹大富，富立志，秦晓川，等. 冻融循环作用下混凝土的受拉本构特征[J]. 江苏大学学报(自然科学版)，2011，32(3)：359-363.

[2] 曹大富，葛文杰，郭容邑，等. 冻融循环作用后钢筋混凝土梁受弯性能试验研究[J]. 建筑结构学报，2014，35(6)：137-144.

[3] 曹大富，秦晓川，袁沈峰. 冻融后预应力混凝土梁受力全过程试验研究[J]. 土木工程学报，2013，46(8)：38-44.

[4] 曹大富，周敏，葛文杰，等. 冻融循环作用后钢筋混凝土梁受剪性能研究[J]. 工业建筑，2015，45(2)：32-37.

[5] 陈兵，姚武，吴科如. 声发射技术在混凝土研究中的应用[J]. 无损检测，2000，22(9)：387-390.

[6] 陈滔，黄宗明. 钢筋混凝土框架非弹性地震反应分析模型研究进展[J]. 世界地震工程，2002，18(1)：91-97.

[7] 陈月萍，胡强圣，张建飞，等. 冻融后预应力混凝土正截面受弯承载力研究[J]. 建筑材料学报，2015，18(6)：993-998.

[8] 程红强，高丹盈. 聚丙烯纤维混凝土冻融损伤试验研究[J]. 东南大学学报(自然科学版)，2010，40(增2)：197-200.

[9] 程红强，张雷顺，李平先. 冻融对混凝土强度的影响[J]. 河南科学，2003，21(2)：214-216.

[10] 代征征，张鹏，王燕茹，等. 荷载与冻融作用下的混凝土毛细吸水性研究[J]. 低温建筑技术，2017，39(11)：24-27.

[11] 段安，钱稼茹. 受冻融环境混凝土的应力-应变全曲线试验研究[J]. 混凝土，2008(8)：13-16.

[12] 段安. 受冻融混凝土本构关系研究和冻融过程数值模拟[D]. 北京：清华大学，2009.

[13] 段桂珍，方从启. 混凝土冻融破坏研究进展与新思考[J]. 混凝土，2013(5)：16-20.

[14] 冯乃谦，邢锋. 混凝土与混凝土结构的耐久性[M]. 北京：机械工业出版社，2009.

[15] 付文恺. 混凝土内部水分传输特性与二维渗水监测研究[D]. 哈尔滨：哈尔滨工业大学，2018.

[16] 关虓，牛荻涛，李强，等. 冻融环境钢筋混凝土梁抗弯承载力研究[J]. 铁道学报，2017，39(11)：108-115.

[17] 关虓，牛荻涛，王家滨，等. 基于 Weibull 强度理论的混凝土冻融损伤本构模型研究[J].

混凝土,2015(5):5-9.
[18] 关㹭.冻融环境钢筋混凝土受弯构件的损伤分析与承载力研究[D].西安:西安建筑科技大学,2015.
[19] 管廷,赵铁军,李绍纯,等.冻融损伤对混凝土中钢筋锈蚀的影响[J].混凝土,2013(11):29-31.
[20] 过镇海.钢筋混凝土原理[M].3版.北京:清华大学出版社,2013.
[21] 过镇海.混凝土的强度和变形-试验基础和本构关系[M].北京:清华大学出版社,1997.
[22] 何世钦,贡金鑫,王海超.盐冻循环下钢筋与混凝土的粘结机理与退化模型[J].工业建筑,2005,35(12):19-22.
[23] 胡聿贤.地震工程学[M].北京:地震出版社,2006.
[24] 冀晓东.冻融后混凝土力学性能及钢筋混凝土粘结性能的研究[D].大连:大连理工大学,2007.
[25] 贾超,纪圣振,张峰.冻融作用对混凝土跨海大桥桥墩稳定性影响研究[J].四川大学学报(工程科学版),2010,42(3):7-13.
[26] 姜磊.硫酸盐侵蚀环境下混凝土劣化规律研究[D].西安:西安建筑科技大学,2014.
[27] 金浏.细观混凝土分析模型与方法研究[D].北京:北京工业大学,2014.
[28] 李琮琦,葛文杰,曹大富.冻融循环后预应力混凝土梁受弯性能研究[J].建筑结构,2015,45(24):101-105.
[29] 李贵乾.钢筋混凝土桥墩抗震性能试验研究及数值分析[D].重庆:重庆交通大学,2010.
[30] 李宏男.结构多维抗震理论[M].北京:科学出版社,2006.
[31] 李杰,李国强.地震工程学导论[M].北京:地震出版社,1992.
[32] 李金玉,彭小平,邓正刚,等.混凝土抗冻性的定量化设计[J].混凝土,2000(12):61-65.
[33] 梁原澍.混凝土冻融破坏和氯离子渗透的数值模拟研究[D].哈尔滨:哈尔滨工业大学,2020.
[34] 林宝玉.我国港工混凝土抗冻耐久性指标的研究与实践[C]//混凝土结构耐久性设计与施工——土建结构工程安全性与耐久性科技论坛论文集.北京:[出版者不详],2001:75-85.
[35] 刘凯华.冻融循环后再生混凝土墩柱抗震性能研究[D].哈尔滨:哈尔滨工业大学,2018.
[36] 刘娜.冻融损伤混凝土单调及重复荷载下应力-应变关系试验研究[D].西安:西安建筑科技大学,2013.
[37] 刘荣桂,刘涛,周伟玲,等.受疲劳荷载作用后的预应力混凝土构件冻融循环试验与损伤模型[J].南京工业大学学报(自然科学版),2011,33(3):22-27.
[38] 刘卫东,田波,侯子义.混凝土导热系数试验研究[J].中外公路,2012,32(1):226-229.
[39] 刘伊格.渤海和黄海海表温度变化及成因分析[D].南京:南京大学,2019.
[40] 刘照球.混凝土结构表面对流换热研究[D].上海:同济大学,2006.

[41] 马志鸣，赵铁军，巴光忠，等. 冻融环境下引气混凝土的抗钢筋锈蚀能力研究[J]. 建筑科学与工程学报，2014，31(3)：85-89.

[42] 马志鸣，赵铁军，管庭，等. 冻融-氯离子耦合作用下混凝土中钢筋锈蚀机理研究[J]. 公路，2014，59(6)：237-240.

[43] 潘士劼，许哲明. 框架结构的非线性地震反应分析[J]. 同济大学学报，1980，8(2)：43-63.

[44] 戚秀真. 混凝土超声无损检测层析成像技术研究[D]. 西安：长安大学，2006.

[45] 齐振麟. 冻融损伤后再生混凝土单调及重复荷载下本构关系研究[D]. 哈尔滨：哈尔滨工业大学，2016.

[46] 秦浩，赵宪忠. ABAQUS 混凝土损伤因子取值方法研究[J]. 结构工程师，2013，29(6)：27-32.

[47] 秦卿，郑山锁，甘传磊，等. 冻融环境作用下 RC 剪力墙抗震性能试验[J]. 哈尔滨工业大学学报，2016，48(6)：111-118.

[48] 日本?????? 工学会. ?????? の凍結融解試験方法 (JIS A1148：2001)[J]. 大阪：2007 年制定?????? 標準示方書 Jis 規格集. 2007.

[49] 商怀帅，欧进萍，宋玉普. 混凝土结构冻融损伤理论及冻融可靠度分析[J]. 工程力学，2011，28(1)：70-74.

[50] 沈可新. 冻融循环作用下钢筋混凝土梁承载力研究[D]. 西安：西安建筑科技大学，2015.

[51] 沈雅钧. 导热系数与自然对流换热系数的综合测定[J]. 浙江海洋学院学报(自然科学版)，2000，19(1)：84-86.

[52] 施士升. 冻融循环对混凝土力学性能的影响[J]. 土木工程学报，1997，30(4)：35-42.

[53] 覃丽坤，宋玉普，王玉杰，等. 冻融循环对海水中混凝土抗压性能的影响[J]. 混凝土，2004(1)：16-18.

[54] 滕智明，罗福午，施岚青. 钢筋混凝土基本构件[M]. 2 版. 北京：清华大学出版社，1987.

[55] 王燕. 冻融环境下混凝土力学行为及结构抗震性能研究[D]. 西安：西安建筑科技大学，2017.

[56] 小长井宣生，杨运泽. 用 AE(声发射)法考察混凝土冻融时的状态[J]. 港口工程，1990，10(3)：54-56.

[57] 肖前慧，牛荻涛，朱文凭. 粉煤灰引气混凝土冻融循环后性能的试验研究[J]. 武汉理工大学学报，2010，32(7)：35-38.

[58] 熊拓新. 冻融后钢筋与混凝土的粘结性能研究进展[J]. 山西建筑，2018，44(10)：32-34.

[59] 徐善华，秦广冲，李钰茹. 单调荷载下冻融混凝土应力-应变关系试验研究[J]. 混凝土，2014(12)：4-6.

[60] 徐善华，王友德，李安邦，等. 冻融损伤混凝土重复受压本构关系[J]. 哈尔滨工业大学学报，2015，47(4)：104-110.

[61] 徐颖哲. 反复荷载作用下钢筋与冻融损伤混凝土粘结性能的试验研究[D]. 西安：西安建筑科技大学，2013.

[62] 杨全兵，吴学礼，黄士元. 去冰盐引起的混凝土的盐冻剥蚀破坏[J]. 混凝土，1995(6)：29-35.

[63] 杨全兵. 混凝土盐冻破坏机理(Ⅰ)：毛细管饱水度和结冰压[J]. 建筑材料学报，2007，10(5)：522-527.

[64] 杨全兵. 混凝土盐冻破坏机理(Ⅱ)：冻融饱水度和结冰压[J]. 建筑材料学报，2012，15(6)：741-746.

[65] 曾强. 水泥基材料低温结晶过程孔隙力学研究[D]. 北京：清华大学，2012.

[66] 张德义，郑山锁，杨威，等. 冻融环境作用下低矮 RC 剪力墙抗震性能试验研究[J]. 湖南大学学报(自然科学版)，2017，44(9)：72-81.

[67] 张建荣，刘照球. 混凝土对流换热系数的风洞实验研究[J]. 土木工程学报，2006，39(9)：39-42.

[68] 张鹏，张连水，赵铁军，等. 混凝土冻融损伤后的吸水特性[J]. 建筑材料学报，2011，14(2)：155-159.

[69] 张新培. 钢筋混凝土抗震结构非线性分析[M]. 北京：科学出版社，2003.

[70] 张艺欣，郑山锁，裴培，等. 钢筋混凝土柱冻融损伤模型研究[J]. 工程力学，2019，36(2)：78-86.

[71] 张艺欣，郑山锁，荣先亮，等. 考虑粘结滑移的冻融损伤纤维梁柱模型研究[J]. 工程力学，2020，37(9)：208-216.

[72] 张艺欣. 冻融损伤 RC 柱及框架结构抗震性能研究[D]. 西安：西安建筑科技大学，2020.

[73] 张云清. 氯化物盐冻作用下混凝土构件的耐久性评估与服役寿命设计方法[D]. 南京：南京航空航天大学，2011.

[74] 章熙民，任泽霈，梅飞鸣. 传热学[M]. 5 版. 北京：中国建筑工业出版社，2007.

[75] 章在墉. 地震危险性分析及其应用[M]. 上海：同济大学出版社，1996.

[76] 郑淏，郑山锁，贺金川，等. 考虑钢筋锈蚀的钢筋混凝土矩形梁恢复力模型研究[J]. 中南大学学报(自然科学版)，2020，51(8)：2312-2321.

[77] 郑捷，董立国，秦卿，等. 冻融循环下钢筋混凝土框架梁柱中节点抗震性能试验研究[J]. 建筑结构学报，2016，37(10)：73-81.

[78] 郑山锁，李强强，秦卿，等. 冻融损伤低矮钢筋混凝土剪力墙恢复力模型研究[J]. 建筑结构学报，2018，39(3)：111-119.

[79] 郑山锁，荣先亮，张艺欣，等. 冻融损伤低矮 RC 剪力墙数值模拟方法[J]. 工程力学，2020，37(2)：70-80.

[80] 郑山锁，荣先亮，张艺欣，等. 冻融损伤钢筋混凝土剪力墙恢复力模型研究[J]. 华中科技大学学报(自然科学版)，2019，47(6)：109-114.

[81] 郑山锁，郑跃，董立国，等. 近海环境下锈蚀箍筋约束混凝土本构模型[J]. 浙江大学学报(工学版)，2020，54(1)：48-55.

[82] 郑山锁，朱揽奇，郑捷，等. 冻融作用下带构造柱砖墙抗震性能试验研究[J]. 地震工程学报，2016，38(6)：854-861.

[83] 中国建筑科学研究院. 混凝土结构设计规范：GB 50010—2010[S]. 北京：中国建筑工业

出版社,2011.
[84] 中国建筑科学研究院.混凝土结构试验方法标准:GB/T 50152—2012[S].北京:中国建筑工业出版社,2012.
[85] 中国建筑科学研究院.建筑抗震试验规程:JGJ/T 101—2015[S].北京:中国建筑工业出版社,2015.
[86] 中国建筑科学研究院.普通混凝土长期性能和耐久性能试验方法标准:GB/T 50082—2009[S].北京:中国建筑工业出版社,2009.
[87] 中国建筑科学研究院.普通混凝土配合比设计规程:JGJ 55—2011[S].北京:中国建筑工业出版社,2011.
[88] 中国建筑科学研究院有限公司.普通混凝土物理力学性能试验方法标准:GB/T 50081—2019[S].北京:中国建筑工业出版社,2019.
[89] 中交公路规划设计院有限公司.公路钢筋混凝土及预应力混凝土桥涵设计规范:JTG 3362—2018[S].北京:人民交通出版社,2018.
[90] 重庆交通科研设计研究.公路桥梁抗震设计细则:JTG/T B02-1-2008[S].北京:中国建筑工业出版社,2008.
[91] 周志祥.高等钢筋混凝土结构[M].北京:人民交通出版社,2002.
[92] 朱光,王勇生,王道轩,等.前陆变形与沉积对郯庐断裂带同造山运动的制约[C]//中生代以来中国大陆板块作用过程学术研讨会论文摘要集.合肥:[出版者不详],2005:57-58.
[93] 朱江.预应力混凝土梁在冻融循环后的受力性能研究[D].扬州:扬州大学,2006.
[94] 祝金鹏.冻融循环后混凝土力学性能的试验研究[D].济南:山东大学,2009.
[95] 庄天戈.CT 原理与算法[M].上海:上海交通大学出版社,1992.
[96] 庄卫林,刘振宇,蒋劲松.汶川大地震公路桥梁震害分析及对策[J].岩石力学与工程学报,2009,28(7):1377-1387.
[97] AKHRAS N M. Detecting freezing and thawing damage in concrete using signal energy[J]. Cement and concrete research,1998,28(9):1275-1280.
[98] AMERICAN SOCIETY OF HEATING. Refrigerating and Air Conditioning Engineers[M]//Ashrae handbook of fundamentals. [S. l. :s. n.],1972.
[99] AMINI B, TEHRANI S S. Combined effects of saltwater and water flow on deterioration of concrete under freeze-thaw cycles[J]. Journal of cold regions engineering,2011,25(4):145-161.
[100] ASTM. ASTM C666, Standard test method for resistance of concrete torapid freezing and thawing[S]. West Conshohocken:Architectural Products Inc,2015.
[101] BASHEER L,CLELAND D J. Freeze-thaw resistance of concretes treated with pore liners[J]. Construction and building materials,2006,20(10):990-998.
[102] BERTO L,SAETTA A,TALLEDO D. Constitutive model of concrete damaged by freeze-thaw action for evaluation of structural performance of RC elements[J]. Construction and building materials,2015,98:559-569.
[103] BIRTEL V,MARK P. Parameterised finite element modelling of RC beam shear

failure[G]//ABAQUS Users' Conference. [S. l. :s. n.],2006.

[104] CAI H,LIU X. Freeze-thaw durability of concrete:ice formation process in pores [J]. Cement and concrete research,1998,28(9):1281-1287.

[105] CHABOCHE J L. Continuum damage mechanics:part I-general concepts[J]. Journal of applied mechanics,1988,55(1):59-64.

[106] CLOUGH R W. Effect of stiffness degradation on earthquake ductility requirements [M]. California:University of California Press,1966.

[107] CONCEPTS R. BS EN 15026: 2007, Hygrothermal performance of building components and building elements-Assessment of moisture transfer by numerical simulation[S]. London:British Standards Institution,2007.

[108] COUSSY O,MONTEIRO P J M. Poroelastic model for concrete exposed to freezing temperatures[J]. Cement and concrete research,2008,38(1):40-48.

[109] CUI F K,ZHANG H,CHOSN M,et al. Seismic fragility analysis of deteriorating RC bridge substructures subject to marine chloride-induced corrosion [J]. Engineering structures,2018,155:61-72.

[110] DASH J G, FU H Y, WETTLAUFER J S. The premelting of ice and its environmental consequences [J]. Reports onprogress in physics, 1995, 58 (1): 115-167.

[111] DIAO B,SUN Y,CHENG S H,et al. Effects of mixed corrosion,freeze-thaw cycles, and persistent loads on behavior of reinforced concrete beams[J]. Journal of cold regions engineering,2011,25(1):37-52.

[112] DIAO B, ZHANG J, YE Y H, et al. Effects of freeze-thaw cycles and seawater corrosion on the behavior of reinforced air-entrained concrete beams with persistent loads[J]. Journal of cold regions engineering,2013,27(1):44-53.

[113] DUAN A,JIN W L,QIAN J R. Effect of freeze-thaw cycles on the stress-strain curves of unconfined and confined concrete[J]. Materials and structures, 2011, 44(7):1309-1324.

[114] DUAN A,LI Z Y,ZHANG W C,et al. Flexural behaviour of reinforced concrete beams under freeze-thaw cycles and sustained load[J]. Structure and infrastructure engineering,2017,13(10):1350-1358.

[115] DUAN A,TIAN Y,DAI J G,et al. A stochastic damage model for evaluating the internal deterioration of concrete due to freeze-thaw action [J]. Materials and structures,2014,47(6):1025-1039.

[116] ERLAND M S,SCHULSON I P,THOMAS M. HOLDEN T M,et al. Hexagonal ice in hardened cement[J]. Cement and concrete research,2000,30(2):191-196.

[117] ESMAEELI H S,FARNAM Y,BENTZ D P,et al. Numerical simulation of the freeze-thaw behavior of mortar containing deicing salt solution[J]. Materials and structures,2017,50(1):96.

[118] EVERETT D H. The thermodynamics of frost damage to porous solids [J].

Transactions of the faraday society,1961,57:1541-1551.

[119] FABBRI A,COUSSY O,FEN-CHONG T,et al. Are deicing salts necessary to promote scaling in concrete? [J]. Journal of engineering mechanics,2008,134(7): 589-598.

[120] FAGERLUND G. Fatigue effects associated with freeze-thaw of materials[D]. Lund:Lund University,2000.

[121] FAGERLUND G. Mechanical damage and fatigue effects associated with freeze-thaw of materials[J]. Materials and structures,2002:117-132.

[122] GONG F Y,SICAT E,ZHANG D W,et al. Stress analysis for concrete materials under multiple freeze-thaw cycles[J]. Journal of advanced concrete technology, 2015,13(3):124-134.

[123] HAMZE Y. Concrete durability in harsh environmental conditions exposed to freeze thaw cycles[J]. Physics procedia,2014,55:265-270.

[124] HANJARI K Z,UTGENANNT P,LUNDGREN K. Experimental study of the material and bond properties of frost-damaged concrete[J]. Cement and concrete research,2011,41(3):244-254.

[125] HASAN M,UEDA T,SATO Y. Stress-strain relationship of frost-damaged concrete subjected to fatigue loading[J]. Journal of materials in civil engineering,2008,20(1):37-45.

[126] II J J V,Scherer G W. A review of salt caling:I. Phenomenology[J]. Cement and concrete research,2007,37(7):1007-1021.

[127] JACOBSEN S,MARCHAND J,HORNAIN H. Sem observations of the microstructure of frost deteriorated and self-healed concretes[J]. Cement and concrete research,1995,25(8): 1781-1790.

[128] JIANG L,NIU D T,YUAN L D,et al. Durability of concrete under sulfate attack exposed to freeze-thaw cycles[J]. Cold regions science and technology,2015,112:112-117.

[129] JIANG W Q,SHEN X H,XIA J,et al. A numerical study on chloride diffusion in freeze-thaw affected concrete[J]. Construction and building materials,2018,179: 553-565.

[130] JIN S,ZHANG J,HUANG B. Fractal analysis of effect of air void on freeze-thaw resistance of concrete[J]. Construction and building materials,2013,47:126-130.

[131] KACHANOV L M,KRAJCINOVIC D. Introduction to continuum damage mechanics[J]. Journal of applied mechanics,1987,54(2):481.

[132] KWAK H G,KIM S P. Nonlinear analysis of RC beams based on moment-curvature relation[J]. Computers and structures,2002,80(7/8):615-628.

[133] LASSE P,LUDGER L,MARIA A P. Influence of freezing-and-thawing damage on behavior of reinforced concrete elements[J]. Materials journal,2007,104(4): 369-378.

[134] LEMAITRE J,CHABOCHE J L,MAJI A K. Mechanics of solid materials[J].

Journal of engineering mechanics,1993,119(3):642-643.

[135] LI S,CHEN G X,JI G J,et al. Quantitative damage evaluation of concrete suffered freezing-thawing by DIP technique[J]. Construction and building materials,2014,69:177-185.

[136] LI W,SUN W,JIANG J. Damage of concrete experiencing flexural fatigue load and closed freeze/thaw cycles simultaneously[J]. Construction and building materials,2011,25(5):2604-2610.

[137] LIU K H,YAN J C,ZOU C Y. A pilot experimental study on seismic behavior of recycled aggregate concrete columns after freeze-thaw cycles[J]. Construction and building materials,2018,164:497-507.

[138] LIU M H,WANG Y F. Damage constitutive model of fly ash concrete under freeze-thaw cycles[J]. Journal of materials in civil engineering,2012,24(9):1165-1174.

[139] LIU X,YANG Z. Evaluation of several multiaxial failure criteria for concrete after freeze-thaw (F-T) cycles[J]. Construction and building materials, 2017, 142:233-247.

[140] LUBLINER J,OLIVER J,OLLER S,et al. A plastic-damage model for concrete[J]. International journal of solids and structures,1989,25(3):299-326.

[141] MA Z M,ZHAO T J,YANG J. Fracture behavior of concrete exposed to the freeze-thaw environment[J]. Journal of materials in civil engineering,2017,29(8):4017071.

[142] MANDER J B,PRIESTLEY M J N,PARK R. Theoretical stress-strain model for confined concrete[J]. Journal of structural engineering,1988,114(8):1804-1826.

[143] MARCHAND J, PIGEON M, BAGER D, et al. Influence of chloride solution concentration on deicer salt scaling deterioration of concrete[J]. Materials journal,1999,96(4):429-435.

[144] MEHTA P K. Durability of concrete-fifty years of progress[J]. American concrete institute,1991,126:1-31.

[145] MEHTA P,SCHIESSL P,RAUPACH M. Performance and durability of concrete systems[C]//International concrete abstracts portal. [S. l. :s. n.],1992:571-659.

[146] MOLERO M,APARICIO S,AL-ASSADI G,et al. Evaluation of freeze-thaw damage in concrete by ultrasonic imaging[J]. NDT & E International,2012,52:86-94.

[147] MU R,MIAO C W,LUO X,et al. Interaction between loading,freeze-thaw cycles, and chloride salt attack of concrete with and without steel fiber reinforcement[J]. Cement and concrete research,2002,32(7):1061-1066.

[148] MURAKAMI S. Continuum damage mechanics:a continuum mechanics approach to the analysis of damage and fracture[M]. Dordrecht:Springer,2012.

[149] NAGORNOV O V,CHIZHOV V E. Thermodynamic properties of ice,water,and a mixture of the two at high pressures[J]. Journal of applied mechanics and technical physics,1990,31(3):378-385.

[150] NILI M,AZARIOON A,HOSSEINIAN S M. Novel internal-deterioration model of

concrete exposed to freeze-thaw cycles[J]. Journal of materials in civil engineering, 2017,29(9):04017132.

[151] OTANI S. Reinforced concrete columns subjected to biaxial load reversals [C]// Proceedings of the 7th World Conference on Earthquake Engineering. [S. l. : s. n.],1980.

[152] OU Y C, FAN H D, DANG NGUYEN N. Long-term seismic performance of reinforced concrete bridges under steel reinforcement corrosion due to chloride attack[J]. Earthquake engineering & structural dynamics,2013,42(14):2113-2127.

[153] PARK Y J,ANG A H S,WEN Y K. Seismic damage analysis of reinforced concrete buildings[J]. Journal of structural engineering,1985,111(4):740-757.

[154] PENTTALA V. Surface and internal deterioration of concrete due to saline and non-saline freeze-thaw loads[J]. Cement and concrete research,2006,36(5):921-928.

[155] PENZIEN J. Dynamic response of elasto-plastic frames [J]. Transactions of the American society of civil engineers,1962,127(2):1-14.

[156] PETERSEN L, LOHAUS L, POLAK M A. Influence of freezing-and-thawing damage on behavior of reinforced concrete elements [J]. Materials journal, 2007, 104(4):369-378.

[157] PIGEON M,MARCHAND J,PLEAU R. Frost resistant concrete[J]. Construction and building materials,1996,10(5):339-348.

[158] PIGEON M,TALBOT C,MARCHAND J,et al. Surface microstructure and scaling resistance of concrete[J]. Cement and concrete research,1996,26(10):1555-1566.

[159] PLEAU R,PIGEON M. Durability of concrete in cold climates[M]. Boca Raton: CRC Press,2014.

[160] POWERS T C,HELMUTH R A. Theory of volume changes in hardened port land-cement paste during freezing[J]. Powers and helmcth volume change on freezing, 1953:285-297.

[161] POWERS T C. Freezing effects in concrete[J]. Durability of concrete in service, 1975,47:1-12.

[162] POWERS T C. The air requirement of frost-resistant concrete[J]. Highway research board proceedings,1950,29:184-211.

[163] POWERS T C. A working hypothesis for further studies of frost resistance of concrete[J]. Journal proceedings,1945,41(1):245-272.

[164] POWERS T C. Void space as a basis for producing air-entrained concrete[J]. Journal proceedings,1954,50(5):741-760.

[165] PRADO J P,et al. Concrete freeze/thaw as studied by magnetic resonance imaging [J]. Cement and concrete research,1998,28(2):261-270.

[166] PRESS C. Durability of concrete in cold climates[J]. Boca Raton:Crc Press,1995.

[167] QIAO Y, SUN W, JIANG J. Damage process of concrete subjected to coupling fatigue load and freeze/thaw cycles[J]. Construction and building materials,2015, 93:806-811.

[168] QIN Q,ZHENG S S,LI L,et al. Experimental study and numerical simulation of seismic behavior for RC columns subjected to freeze-thaw cycles[J]. Advances inmaterials science and engineering,2017,3(4):1-13.
[169] QIN X C,MENG S P,CAO D F,et al. Evaluation of freeze-thaw damage on concrete material and prestressed concrete specimens [J]. Construction and building materials,2016,125:892-904.
[170] QIU W L,TENG F,PAN S S. Damage constitutive model of concrete under repeated load after seawater freeze-thaw cycles[J]. Construction and building materials, 2020,236:117560.
[171] RAMBERG W,OSGOOD W R. Description of stress-strain curves by three parameters [G]. [S. l. :s. n.],1943.
[172] RANZ J,APARICIO S,ROMERO H,et al. Monitoring of freeze-thaw cycles in concrete using embedded sensors and ultrasonic imaging [J]. Sensors (Basel, Switzerland),2014,14(2):2280-2304.
[173] RICHARDSON A,COVENTRY K,BACON J. Freeze/thaw durability of concrete with recycled demolition aggregate compared to virgin aggregate concrete [J]. Journal of cleaner production,2011,19(2/3):272-277.
[174] SCHERER G W. Crystallization in pores[J]. Cement and concrete research,1999, 29(8):1347-1358.
[175] SETZER M J. Micro-ice-lens formation in porous solid[J]. Journal of colloid and interface science,2001,243(1):193-201.
[176] SETZER M J. A new approach to describe frost action in hardened cement paste and concrete[M]. [S. l. :s. n.],1976.
[177] SHANG H S,SONG Y P. Experimental study of strength and deformation of plain concrete under biaxial compression after freezing and thawing cycles[J]. Cement and concrete research,2006,36(10):1857-1864.
[178] SHANG H S,SONG Y P. Triaxial compressive strength of air-entrained concrete after freeze-thaw cycles[J]. Cold regions science and technology,2013,90/91:33-37.
[179] SHANG H S,ZHAO T J,CAO W Q. Bond behavior between steel bar and recycled aggregate concrete after freeze-thaw cycles[J]. Cold regions science and technology, 2015,118:38-44.
[180] SHANG H S,SONG Y P. Behavior of air-entrained concrete under the compression with constant confined stress after freeze-thaw cycles [J]. Cement and concrete composites,2008,30(9):854-860.
[181] SHANG H S, SONG Y P, QIN L K. Experimental study on strength and deformation of plain concrete under triaxial compression after freeze-thaw cycles [J]. Building and environment,2008,43(7):1197-1204.
[182] SWAINSON I P,SCHULSON E M. A neutron diffraction study of ice and water within a hardened cement paste during freeze-thaw [J]. Cement and concrete

research,2001,31(12):1821-1830.

[183] TAKEDA T,SOZEN M A,NIELSEN N N. Reinforced concrete response to simulated earthquakes[J]. Journal of the structural division,1970,96(12):2557-2573.

[184] VALENZA J J I,SCHERER G W. Mechanism for salt scaling[J]. Journal of the American ceramic society,2006,89(4):1161-1179.

[185] VALENZA J J I,SCHERER G W. A review of salt scaling: II. Mechanisms[J]. Cement andconcrete research,2007,37(7):1022-1034.

[186] WANG Z M, KWAN A K H, CHAN H C. Mesoscopic study of concrete I: generation of random aggregate structure and finite element mesh[J]. Computers and structures,1999,70(5):533-544.

[187] WANG Z,ZENG Q,WU Y,et al. Relative humidity and deterioration of concrete under freeze-thaw load[J]. Construction and building materials,2014,62:18-27.

[188] WANG Z, GONG F Y, ZHANG D W, et al. Mesoscale simulation of concrete behavior with non-uniform frost damage with verification by CT imaging[J]. Construction and building materials,2017,157:203-213.

[189] WU L J,ZHOU Y J,KOU X J,et al. Reliability-based service life prediction of existing concrete structures under marine environment[J]. Journal of central south university,2015,22(9):3608-3614.

[190] XU S H,LI A B,JI Z Y,et al. Seismic performance of reinforced concrete columns after freeze-thaw cycles[J]. Construction and building materials,2016,102:861-871.

[191] YANG W,ZHENG S S,ZHANG D Y,et al. Seismic behaviors of squat reinforced concrete shear walls under freeze-thaw cycles: a pilot experimental study[J]. Engineering structures,2016,124:49-63.

[192] YANG Z F,WEISS W J,OLEK J. Water transport in concrete damaged by tensile loading and freeze-thaw cycling[J]. Journal of materials in civil engineering,2006, 18(3):424-434.

[193] YU B,NING C L,LI B. Probabilistic durability assessment of concrete structures in marine environments: reliability and sensitivity analysis [J]. China ocean engineering,2017,31(1):63-73.

[194] YU H F,MA H X,YAN K. An equation for determining freeze-thaw fatigue damage in concrete and a model for predicting the service life[J]. Construction and building materials,2017,137:104-116.

[195] YÜKSEL S,BILIR T,ZKAN M. Durability of concrete incorporating non-ground blast furnace slag and bottom ash as fine aggregate[J]. Building and environment, 2007,42(7):2651-2659.

[196] ZHANG P,CONG Y,VOGEL M,et al. Steel reinforcement corrosion in concrete under combined actions:the role of freeze-thaw cycles,chloride ingress,and surface impregnation[J]. Construction and building materials,2017,148:113-121.

[197] ZHANG P, WITTMANN F H, VOGEL M. Influence of freeze-thaw cycles on

capillary absorption and chloride penetration into concrete[J]. Cement and concrete research,2017,100:60-67.

[198] ZHANG X H,WANG L,ZHANG J R. Mechanical behavior and chloride penetration of high strength concrete under freeze-thaw attack[J]. Cold regions science and technology,2017,142:17-24.

[199] ZHAO J,CAI G,GAO D,et al. Influences of freeze-thaw cycle and curing time on chloride ion penetration resistance of sulphoaluminate cement concrete [J]. Construction and building materials,2014,53:305-311.

[200] ZHU F Z, MA Z M, ZHAO T J. Influence of freeze-thaw damage on the steel corrosion and bond-slip behavior in the reinforced concrete[J]. Advances inmaterials science and engineering,2016,8(3):1-12.

[201] ÇOPUROĞLU O,SCHLANGEN E. Modeling of frost salt scaling[J]. Cement and concrete research,2008,38(1):27-39.

[202] ŠELIH J. Performance of concrete exposed to freezing and thawing in different saline environments[J]. Journal of civil engineering and management,2010,16(2):306-311.

[203] ŞAHIN R, ALI TAŞDEMIR M, GÜL R, et al. Optimization study and damage evaluation in concrete mixtures exposed to slow freeze-thaw cycles[J]. Journal of materials in civil engineering,2007,19(7):609-615.